Fang-chung-shu
Die chinesische Liebeskunst

房中術

Herausgegeben
von Werner Heilmann

Originalausgabe

WILHELM HEYNE VERLAG
MÜNCHEN

HEYNE ALLGEMEINE REIHE
Nr. 01/8040

2. Auflage

Printed in Germany 1991
Umschlaggestaltung: Atelier Ingrid Schütz, München
Herstellung: Dieter Lidl
Satz: Satz & Repro Grieb, München
Druck und Verarbeitung: Presse-Druck Augsburg

ISBN 3-453-04170-4

Die ständige Vereinigung von Himmel und Erde verleiht allen Dingen ihre Gestalt. Die geschlechtliche Vereinigung von Mann und Frau verleiht allen Dingen ihr Leben.

I-Ging, »Buch der Wandlungen«

Die Braut an den Bräutigam

Ich habe das Polster und die Bettmatte reingefegt und seltenes Rauchwerk in die Brandschale gefüllt. Laß' uns die Doppeltür versperren mit goldenem Schloß und die Lampe entzünden, auf daß sie den Raum mit Glanz erhelle. Das Gewand leg' ich ab und tu den Puder mir vom Gesicht, und neben das Polster leg' ich die Bilderrolle bereit.

Das EINFACHE MÄDCHEN nehm' ich zur Lehrmeisterin mir, daß die Stellungen alle wir durchprobieren mit Fleiß, auch wenn ein gewöhnlicher Ehemann wohl kaum je sah, was T'ien-lao den GELBEN HERRSCHER gelehrt hat.

Keine Freude wird gleichen den Freuden der ersten Nacht, und nie seien vergessen sie, auch wenn uns das Alter ereilt.

Aus dem T'ung-shêng-ko von Chang Hêng (78–138 n. Chr.)

INHALT

DER JADEWEG DER HEILENDEN HARMONIE

Vorwort

Wer sich mit den Fragen der Liebeskunst beschäftigen, mit den Kompendien vertraut machen will, die aus fast allen Kulturkreisen der Welt die artifiziellen Methoden angewandter Erotik überliefern, dem stehen im Reich der Mitte Überraschungen bevor. Gerade in dieser, einer der ältesten Kulturen, die von jeher durch verfeinerten Sinnesgenuß auf sich aufmerksam machte, fehlt ein Werk, das ähnlich wie das »Kamasutra« Indiens die Lehren der Lust komprimiert.

Tatsächlich hat es dieses Werk, besser diese Werke einmal gegeben (s. Anmerkungen). Warum sie nicht vollständig erhalten geblieben sind, wissen wir nicht, nur daß Bruchstücke der entsprechenden taoistischen Texte aus dem 4. und 5. Jahrhundert n. Chr. in einer japanischen Enzyklopädie des 10. Jahrhunderts festgehalten wurden.

Was uns vorliegt, sind also verhältnismäßig wenig originale Schriften, darunter vor allem die in einem Kapitel der oben genannten Sammlung niedergelegte Abhandlung über die Fang-nei, die »Schlafzimmerkunst«, in der aus den Büchern der alten Meister ihre Lehrmeinungen zu den erotischen Positionen, zur übersinnlichen Bedeutung des Geschlechtsakts, zum medizinisch-therapeutischen Aspekt der Vereinigung und zu den richtigen Voraussetzungen des Liebesspiels zitiert werden.

In dem vorliegenden Band findet man, sieht man von den nicht aufgenommenen Wiederholungen und gleichlautenden Passagen ab, eine fast komplette Zusammenstellung alles Wissenswerten über die chinesische Liebeskunst. Ein reizvolles Thema, zu dessen komplexem

Verständnis viele Zusammenhänge zwischen chinesischer Religion, Kultur und Weltanschauung erörtert werden müßten. Für den interessierten Leser sollte es genügen - dies allerdings sei ihm empfohlen - sich mit einigen Grundprinzipien chinesischer Denkweise im Hinblick auf die Erotik vertraut zu machen, bzw. die taoistische Lehre zu begreifen, die den frühen erotischen Texten zugrundeliegt.

Im 6. Jahrhundert v. Chr. faßte LaoTzu (Laotse) die Lehrsätze einer vor Tausenden von Jahren entstandenen Weisheit in einem Buch mit dem Titel Taoteking zusammen. Seine wesentliche Aussage: Wenn der Mensch nicht harmonischer Bestandteil der allumfassenden Natur ist, kann er nicht überleben. Ziel ist es also, Teil einer Urkraft zu werden, sich ganz ihrem Rhythmus anzupassen und in einer mystischen Vereinigung Unsterblichkeit zu erlangen.

Da die Taoisten in unserem Sinne keine Trennung zwischen Körper und Seele kannten, entwickelten sie demzufolge Praktiken, die z. B. jede geschlechtliche Vereinigung dem physiologischen Zweck unterstellte, die »Lebenssubstanz« des Individuums zu verstärken. Auch andere Methoden, wie Meditation, Atemtechnik etc. dienten dieser Absicht, was aber die Sexualität betraf, so konzentrierte sich diese Substanz im Vaginalsekret der Frau und im Sperma des Mannes. In beiden Ingredientien vermischen sich Yin und Yang, das weibliche und das männliche Prinzip. Jedoch vermindert jede Ejakulation den Vorrat an Lebenskraft und ist daher gefährlich. Andererseits gewinnt das Yang durch die Berührung mit dem Yin; das Konzentrat aus beiden wird durch das Rückenmark ins Gehirn geleitet und dort in den reinen, unsterblichen Geist verwandelt.

Das richtige Maß zwischen Ejakulation und Zurückhaltung zu finden - möglichst viel mit Frauen zu schlafen, aber möglichst selten zu ejakulieren - das ist der Grundgedanke der Vielzahl chinesischer Positionen und Praktiken. Wird die Produktion von Sperma durch den häufigen Geschlechtskontakt angeregt und möglichst viel davon gespeichert, so mutiert es durch eine Kette qualitativer Veränderungen in »Lebenssubstanz«.

Und wo bleibt die Frau? Wie so oft scheint diese Lehre von Männern für männliche Selbstzwecke geschrieben worden zu sein. Wie überhaupt die Taoisten die körperliche Liebe meist als »Kampf der Geschlechter«, den Koitus als Unternehmen sahen, der Partnerin die Lebenskraft zu rauben. Allerdings - in den vortaoistischen Mythen ist überliefert, daß die »Königin des Westens« so vielen Männern das Sperma aussaugte, daß sie schließlich Unsterblichkeit erlangte. Auch der Ratschlag, daß die Männer »unerfahrene Frauen bevorzugen sollten« läßt immerhin tief blicken und wirft ein Schlaglicht auf die Angst vor der weiblichen Stärke. Ein schwacher Trost trotzdem, daß in der Taoisten-Männergesellschaft die Frauen vor allem durch den wegen der zurückgehaltenen Ejakulation häufigen Geschlechtsverkehr auf ihre Kosten kamen. Der philosophische Grundgehalt wenigstens scheint unantastbar: Nur im »harmonischen« Gleichklang von Yin und Yang - in der geistigen und körperlichen Übereinstimmung von Frau und Mann - kann die Lebenskraft der Unsterblichen, die »Heilung von den hundert Übeln« gefunden werden.

Wer war es schließlich, der Huang-ti, den Gelben Herrscher mit den 1200 Frauen, in die Geheimnisse der Erotik einweihte? Su-uü, das »Einfache Mädchen«, das die richtigen Ratschläge bereithielt. Ihr und Ts'ai-uü, dem »Wählerischen Mädchen«, sowie Hsuan-uü, dem

»Geheimnisvollen Mädchen« begegnen wir in den Lehrtexten immer wieder. Es sind mythische Figuren, denen die Weisheit vergangener vorgeschichtlicher Jahrtausende in den Mund gelegt wurde.

Wäre es da gewagt anzunehmen, daß letztendlich auch die Taoisten aus dem Urquell des Weiblichen schöpften?

Werner Heilmann

Der geheime Sittenkodex der Jadekammer

Was die geschlechtliche Vereinigung bedeutet

Es sprach der *Meister der Uranfänglichen Harmonie* die folgenden Worte:

Ein weibliches Element und ein männliches Element - Yin und Yang - das nennen wir den Weg. Das Wesentliche fruchtbar zu machen und es ins Leben zu rufen - das wird zu einer Aufgabe. Wie weit reichen doch diese Grundwahrheiten! Deshalb stellte der GELBE HERRSCHER Fragen an das EINFACHE MÄDCHEN, und der uralte P'ENG gab dem König aus dem Geschlecht der Yin Antworten; das waren bedeutsame Überlieferungen. Der GELBE HERRSCHER fragte das EINFACHE MÄDCHEN:

»Ich habe an Lebenskraft eingebüßt und bin aus der Harmonie geraten. In meinem Herzen herrscht keine Freude mehr. Mein Körper ist erschöpft und anfällig geworden. Was soll ich also tun?«

Das EINFACHE MÄDCHEN erwiderte:

»Die Ursache für die Schwäche der Männer besteht einzig und allein darin, daß sie alle die Wege für den Umgang des weiblichen mit dem männlichen Element mißbräuchlich nutzen. Die Frau ist dem Mann in dieser Hinsicht ebenso überlegen, wie es das Feuer ist, wenn es das Wasser auslöscht. Wenn du das verstehst und es richtig anwendest, wirst du den Kochtöpfen auf den Dreifüßen ähneln, in denen die fünf Geschmacksrichtungen harmonisch abgestimmt werden, so daß eine köstliche Suppe aus Fleisch und Gemüse entsteht. Wer über die Wege des weiblichen und des männlichen Elements rechten Bescheid weiß, wird der fünf Freuden teilhaftig; wer sie nicht kennt und ihrer nicht achtet, wird sich das Leben verkürzen. Welche Vergnügungen und Freuden könnten doch erfahren und erlebt werden! Wer würde darauf nicht sein Augenmerk richten?«

Dann fuhr sie fort:

»Wende dich an das WÄHLERISCHE MÄDCHEN; sie hat sich die Möglichkeiten der Wege in außerordentlicher Weise zu eigen gemacht.«

Der König, den man den GELBEN HERRSCHER nennt, sandte das WÄHLERISCHE MÄDCHEN aus, um sich bei dem uralten P'ENG nach den Möglichkeiten zu erkundigen, wie man das Leben verlängern und das Alter angenehm machen könne.

P'ENG sprach:

»Der Mensch erreicht ein langes Leben, indem er das Wesentliche liebt, das Geistige hegt und pflegt und sich vielerlei Arzneimittel zu Gemüte führt. Wer sich jedoch auf den Wegen der geschlechtlichen Vereinigung nicht auskennt, dem hilft auch der Genuß von Kräutern nichts. Die Vereinigung von Mann und Frau ist wie die Hochzeit von Himmel und Erde. Himmel und Erde haben sich der Wege der Vereinigung kundig gemacht und aus diesem Grund leiden sie nicht an der Begrenzung durch die Endlichkeit. Der Mensch hat die Wege der Vereinigung aus seinem Sinn verloren und ist deshalb der Sterblichkeit durch einen frühzeitigen Tod verfallen. Wenn du die Gelegenheiten für Kränkungen und Verletzungen vermeiden und statt dessen die Liebeskünste dir aneignen kannst, wirst du auf den Weg, der nicht zum Tode führt, gelangen.«

Das WÄHLERISCHE MÄDCHEN verbeugte sich immer wieder und sagte:

»Ich möchte gern etwas über die grundsätzlichen Lehren hören.«

Da erwiederte P'ENG:

»Man vermag den Weg sehr leicht zu finden – nur verhält es sich so, daß kaum ein Mensch in der Lage ist, rechtes Vertrauen in ihn zu setzen und ihn zu begehen.

Sieh dir den derzeitigen Herrscher an: Er verfügt über die Gewalt der Regierung, ja er regiert das ganze Universum, und dennoch vermag er nicht über das Wissen auf allen Gebieten zu herrschen. Zu seinem Glück hat er viele Frauen in seinen Frauengemächern, und deshalb fällt es ihm leicht, sich die Art und Weise des geschlechtlichen Umgangs anzueignen. Das Wesentliche an seiner Methode besteht einfach darin, Beziehungen mit vielen Frauen zu unterhalten und dabei nur wenig Samen zu ergießen. Das bewirkt, daß der Körper erleichtert wird, daß sämtliche Krankheiten zurückgedrängt oder aber sofort ausgeheilt werden. Höre dieses Beispiel:

Wu Tsu-tu, ein Hauptmann der königlichen Leibwache zur Zeit der Han-Dynastie, zählte einhundertachtunddreißig Jahre, als ihn der große Kaiser Hsiao-wi-ti erblickte, während er sich auf einer Jagd oben am Fluß Wei befand. In einer Höhe von etwa zehn Fuß über dem Kopf des Hauptmanns schwebte ein seltsamer Dunstring. Der Kaiser staunte darüber und stellte Fragen, und sein Ratgeber Tung-fang Shuo erklärte ihm daraufhin:

›Dieser Mann besitzt eine Lebenssubstanz, deren weitreichende Prinzipien aus dem Himmel stammen; ihm ist vor allem die Kunst zu eigen, die Elemente des Weiblichen und des Männlichen zu beherrschen.‹

Der Kaiser wollte unbedingt mehr darüber in Erfahrung bringen und fragte deshalb Wu Tsu-tu selbst. Wu Tsu-tu sagte:

›Angelegenheiten, die mit dem Geschlechtlichen zu tun haben, sind nicht für die Öffentlichkeit bestimmt. Es ziemt sich nicht für mich, darüber zu sprechen; zudem sind es nur wenige, die meine Lehre anwenden können. Aus diesen Gründen wage ich nicht, mich darüber auszulassen. Ich lernte diese Kunst von Tou Tsu-ming aus Ling-yang als ich fünfundsechzig Jahre alt war, und ich habe sie zweiundsiebzig Jahre lang angewendet. Wer immer um ein langes Leben bemüht ist, sollte nach der Stärkung der wahren Lebensquelle streben. Wer nur auf der Jagd nach weiblicher Schönheit ist und sich über seine Fähigkeiten hinaus verausgabt, schädigt jegliche Ader im Leib und schafft Einlaß für jede Art von Krankheit.«

*

Aus dem Werk *Voraussetzungen zum Verständnis der Jadekammer*

Der GELBE HERRSCHER sagte: »Ich habe die Macht über zwölfhundert Frauen und bin zur Unsterblichkeit erhoben worden. Gewöhnliche Leute verkürzen sich ihr Leben, da sie nur mit einer Frau schlafen können. Besteht da nicht ein erheblicher Unterschied zwischen einem Wissenden und einem zur Unkenntnis verdammten? Wer den Weg kennt, der leidet doch Not wegen des Mangels an Frauen. Die Frauen hätten es gar nicht nötig, schöne Augen zu machen und ihre verführerische Schönheit zu zeigen. Und was nützt es den Männern, daß sie eigentlich nur solche haben möchten, die jugendlich sind und wohlgerundet in ihrem Fleisch und die keine Säuglinge an der Brust nähren. Ja, wenn sich einer sieben oder acht Frauen leisten kann, so ist das schon eine gewaltige Wohltat.«

Da sagte das EINFACHE MÄDCHEN:

»Damit du die Herrschaft behältst, solltest du die Frau wie Ton und Stein betrachten, dich aber wie Gold und Jade. Wenn du dicht vor dem Samenerguß stehst, solltest du geschwind ihre Jadegrotte verlassen. Beherrsche eine Frau, wie du es mit einem durchgehenden Pferd, dessen

Zügel zerrissen ist, tun würdest. Sei ebenso vorsichtig, als wenn du in Gefahr wärst, in ein tiefes Loch zu fallen, das mit Schwertspitzen ausgefüllt ist. Wenn du deinen Samen liebst, wird dein Leben unzerstörbar sein.«

Der GELBE HERRSCHER fragte nun das EINFACHE MÄDCHEN:

»Ich habe vor, für eine längere Zeitspanne auf den Geschlechtsverkehr zu verzichten. Wie sollte ich es deiner Meinung nach damit halten?«

Das EINFACHE MÄDCHEN erwiderte:

»Das solltest du keinesfalls tun. Himmel und Erde öffnen und schließen sich; die Elemente des Weiblichen und des Männlichen verändern sich in ihrer Wirkung. Der Mensch richtet sich nach diesem Wirken dieser Elemente und steht im Einklang mit den vier Jahreszeiten. Wenn es jetzt dein Wunsch und Wille ist, sich nicht mehr geschlechtlich zu vereinigen, dann wird dein Lebensgeist sich nicht ausbreiten können, die Elemente des Weiblichen und des Männlichen werden voneinander getrennt und sondern sich ab. Wie willst du dann selbst in deiner Lebenssubstanz zunehmen? Du nimmst doch immer wieder einen Austausch des lebensspendenden Atems vor, indem du die alte Luft ausstößt und frische einziehst, um dir selbst Kraft zu verleihen. Wenn der Jadesaft sich nicht bewegt, wird er schrumpfen und absterben. Tu alle Bedenken hinsichtlich des Geschlechtsverkehrs beiseite und übe dich statt dessen in einer besonderen Weise. Die Fähigkeit, den Jadesaft kräftig zu bewegen, sich aber nicht zu ergießen, stellt die sogenannte Bewahrung des Samens dar. Den Samen ständig zu ergänzen und zu stärken, das ist der Weg, der dahin führt, daß das Feuer des Lebens nie in dir erlischt.«

Aus dem Werk *Die klassische Lehre des* EINFACHEN MÄDCHENS

Der GELBE HERRSCHER fragte:

»Warum soll man sich bei der geschlechtlichen Vereinigung in Zurückhaltung üben?«

Das EINFACHE MÄDCHEN antwortete:

»Von allem Anfang an hat es eine festgelegte Ordnung für die geschlechtliche Vereinigung gegeben. Hält ein Paar sich daran, bleibt der Mann voll jugendlicher Spannkraft und die Frau ist gefeit gegen sämtliche Krankheiten. Das Herz schwingt sich auf und die Fülle der Lebenssubstanz wird gestärkt. Wer sich aber in Unkenntnis dem geschlechtlichen Umgang hingibt, der schädigt sich nach und nach und wird schließlich krank. Um die richtigen Wege in Erfahrung zu bringen, ist es erforderlich, die Lebenskraft zu stärken, den Sinn ruhig zu stimmen und den Willen auf Harmonie zu richten. Wer diese drei Ziele erreicht hat, dessen Geist ist in sich geeint; der Körper ist dann weder heiß noch kalt, weder hungrig noch übersättigt, sondern harmonisch und gefestigt. Der geschlechtliche Umgang sei deswegen stets ausgeglichen und entspannt. Sanft muß das Eindringen sein und maßvoll die Bewegungen, auch sollte das Hineinstoßen und Herausziehen nicht allzuoft geschehen; so wird die Frau aufs angenehmste befriedigt, der Mann aber blüht auf und wird nicht erschöpft. Auf diese Weise erreichen beide ihren Höhepunkt.«

Aus dem Werk *Die klassische Lehre des GEHEIMNISVOLLEN MÄDCHENS*

Der Überlieferung nach richtete der GELBE HERRSCHER an das GEHEIMNISVOLLE MÄDCHEN die Bitte:

»Ich bin von dem EINFACHEN MÄDCHEN über die Liebeskunst unterrichtet worden, und darum ist mir selbstverständlich deren Methode bekannt. Noch einmal wende ich mich aber mit dem Wunsch an dich, mir die Methode auf deine Weise zu erklären.«

Das GEHEIMNISVOLLE MÄDCHEN sagte daraufhin:

»Zwischen Himmel und Erde muß jede Bewegung mit Yin und Yang, mit dem weiblichen und dem männlichen Element abgestimmt sein. Das männliche Element gelangt zum weiblichen Element und wird umgewandelt; das weibliche Element trifft auf das männliche Element und wird angeregt. Das weibliche und das männliche Element müssen in Wechselseitigkeit wirken. Wenn deshalb das männliche Element sich erhebt und fest und stark wird, während das weibliche Element anschwillt, sich öffnet und ausdehnt, dann tauschen zwei Kräfte Strömungen aus und quellende Flüssigkeiten vermengen sich miteinander. Der Mann verfügt über acht aufeinanderfolgende Vorwärtsbewegungen, die Frau über neun Reaktionen. Wird bei deren Anwendung die angemessene Ordnung aufgegeben, dann kann es sein, daß der Mann Schwellungen und Entzündungen bekommt, die Frau aber hat Schwierigkeiten bei ihrer Monatsregel. Alle diese Krankheiten verschlimmern sich und nehmen zu, und so geht die Möglichkeit verloren, ein langes Leben zu führen. Wenn du dich aber in die Lage versetzt, die richtigen Wege zu kennen, dann wirst du munter sein und stark; auf einmal ist dein Leben wieder im Wachstum, in der Ausweitung begriffen, und deine Gesichtsfarbe gleicht der einer schönen Blüte.

Aus dem Werk *Pao, der Einfache Meister*

In dieser Schrift wird ausgeführt:

»Es gibt eine Myriade von Arzneimitteln, die man einnehmen kann, und man kann sich gesund ernähren. Tut man aber nur dies und beherrscht man nicht die Künste des Schlafzimmers, dann gibt es keine Möglichkeit, daß all jene Bemühungen zum Guten führen. Aus diesem Grund fürchteten die Alten des Menschen törichtes und wetterwendisches Herz. Selbst wenn den Lernbegierigen alles in größter Ausführlichkeit erläutert wird, vermögen sie doch nicht alles zu befolgen. Man kann das geschlechtliche Zusammenspiel mit Wasser und Feuer vergleichen: Wasser und Feuer können den Menschen umbringen oder ihm wohltun; das hängt einzig und allein davon ab, in welcher Weise sie genutzt werden. Bist du in der Lage, das Wesentliche der Methode im allgemeinen zu erfassen, wirst du beim Umgang mit Frauen meist nur Gutes erfahren. Falls du aber beim Benutzen dieser Wege ohne Erleuchtung handelst, werden schon eine oder zwei Frauen ausreichen, um deinen frühen Tod herbeizuführen.«

Es wird auch erklärt:

»Wenn ein Mensch nicht in Harmonie mit dem weiblichen Element des Yin und dem männlichen Element des Yang die geschlechtliche Vereinigung vollzieht, dann leistet er einer allmählichen Vergiftung des Blutes Vorschub. Solcherart hilflos und gepeinigt, macht er viele Leiden durch und genießt kein langes Leben. Sich den Gefühlen zu überlassen und das Ziel des menschlichen Daseins aus den Augen zu verlieren – auch dies verkürzt das Leben. Ohne Schaden vermag nur zu bleiben, wer jene Harmonie gewinnt, die auf angemessener Zurückhaltung beruht.«

Der *Meister der Geheimnisvollen Höhle* sagte:
»Von all den Myriaden Dingen, die der Himmel gezeugt hat, ist der Mensch das kostbarste. Die Richtschnur für des Menschen Dasein dürfte in der Mäßigung seines geschlechtlichen Verlangens bestehen. Er formt sich nach dem Vorbild des Himmels, wetteifert mit der Erde, gleicht sich dem weiblichen Element an und stimmt sich mit dem männlichen Element ab. Wer diese Prinzipien in die Wirklichkeit umsetzt, der wird seiner Natur gerecht und verlängert seine Jahre. Es mag einer nach den Methoden des GEHEIMNISVOLLEN MÄDCHENS sich fortentwickeln und sie bis in den abgelegensten Winkel seines Bewußtseins übertragen - aber auch wenn er ihre allgemein gültige Bedeutung erkannt hat, wird er sie dennoch nicht in ihren Tiefen ausschöpfen können. Ich habe die alten Lehren zusammengetragen und dieses neue Werk daraus geschaffen. Obschon ich ihren Grundgehalten nicht nachforschte, habe ich doch ihre sichtbaren Grundlinien aufgezeigt. Die Formen der geschlechtlichen Vereinigung - ob im Sitzen, im Liegen, beim Ausstrecken und Kauern, in den Stellungen des oben Liegens und unten Liegens, sind mir bekannt; ebenso das Öffnen und Ausdehnen, die Methoden auf der Seite, auf dem Hintern, von vorn und rückwärts; die Art und Weise beim Hinein und Heraus, beim in die Tiefe stoßen und ganz vorne bleiben - all das eben, was dem Prinzip der männlich-weiblichen Abstimmung dient und miteinander die Zahl der fünf Elemente Wasser, Feuer, Holz, Metall und Erde gestaltet. Wer diesem Weg folgt, wird ein langes Leben zu erwarten haben; wer über ihn hinausgeht, gerät in Gefahr. Da es bereits der ganzen Menschheit zu großem Nutzen gedient hat, warum sollte es da nicht auch den nächsten zehntausend Generationen vermittelt werden?«

Aus dem Werk *Rezepte aus unschätzbarem Gold*
In dieser Schrift wird ausgeführt:

»Der Mann kann nicht ohne Frau sein, und die Frau kann nicht ohne Mann sein. Wer sich den Geschlechtsverkehr ganz losgelöst von allem Geistigen vorstellt, dessen Langlebigkeit ist bedroht, und bald wird ihn jegliches, was krank werden läßt, ereilen. Des weiteren entstehen bei jemand, der den Akt nur körperlich vollzieht, auch teuflische Trugbilder, Dämonen, die ihren Samen mit den Säften der dann zu langem Leiden verurteilten Frau vermischen; die Frau wird in einem solchen Fall von einem Dämon ebenso sehr geschädigt, wie sie es bei der Vereinigung mit hundert Männern zu gewärtigen hätte.«

Darin wird auch gesagt:

»Die Menschen unter dreißig Jahren geben sich oftmals der Ausschweifung hin, während jene, die über dreißig sind, den Schwung ihrer Lebenskraft nach zahllosen unnatürlichen Vergnügungen verlieren. In letzterem Fall trifft sie meist eine Myriade von Krankheiten, und werden diese über längere Zeit hinweg nicht ausgeheilt, kann schließlich niemand mehr helfen. Deshalb sollte man im Alter von dreißig Jahren mit den Künsten des Schlafzimmers vertraut sein. Obgleich die richtigen Methoden so nahe zur Hand wären, sind die Leute aber nicht fähig, sie anzuwenden. Dabei geht es doch in der Hauptsache einzig und allein um die Fähigkeit, zehn Frauen in einer Nacht zu befriedigen, ohne Samen zu ergießen. Das ist die Krönung der Liebes- oder Schlafzimmerkunst. Wird sie noch durch die entsprechenden Arzneimittel unterstützt, wird die Kraft der Lebenssubstanz, ohne durch die vier Jahreszeiten unterbrochen zu werden, sich aufs Hundertfache steigern, und die Weisheit wird sich täglich erneuern.«

Die neun Wege der Vereinigung

Der GELBE HERRSCHER sprach:

»Ich habe von den neun Wegen gehört, aber ich weiß nicht wie diese Wege beschritten werden. Ich möchte, daß du mir sie erklärst, damit ich die Absicht, die sich dahinter verbirgt, erkennen kann. Ich werde deine Erklärungen im *Steinernen Zimmer*, das bekanntlich wohlversiegelt ist, aufbewahren - und ich werde nach ihnen handeln.«

Daraufhin erwiderte das GEHEIMNISVOLLE MÄDCHEN:

»Den ersten der Wege nennt man den *Drachen, der sich wendet.*

Veranlasse die Frau, sich so hinzulegen, daß ihr Gesicht gerade nach oben sieht; der Mann legt sich genau auf sie, die Unterschenkel auf die Matte gedrückt. Die Frau hebt ihren Unterleib hoch und empfängt so den Jadestab. Er stößt in ihre Jadepforte und bestürmt sie von oben. Seine Bewegungen sind ziemlich maßvoll, jeweils acht flache Stöße und zwei tiefe. Dabei entschwindet jeder Gedanke an die Vergänglichkeit und alles Leben kehrt zurück; des Mannes Schwungkraft erblüht und wird verstärkt. Die Frau wird erregt und befriedigt; ihre Freude gleicht der einer Sängerin, hört man die kehligen Laute der Lust, die sie ausstößt. Zum Ende hin verschließt sie die gespendeten Säfte in sich und wird stark; die *Hundert Leiden* verschwinden.«

Dies ist das Zeichen des *Drachen, der sich wendet*:

»Der zweite Weg trägt den Namen *Tigerritt*.

Man veranlasse die Frau ihr Gesicht aus einer kauernden Haltung nach unten zu kehren, wobei ihr Gesäß nach oben zeigt und der Kopf nach unten geneigt ist. Der Mann kniet hinter ihr und umarmt ihren Leib. Dann führt er den Jadestab ein, bewegt ihn ausgiebig in ihr und bemüht sich, ganz tief einzudringen. Sie stoßen sich wechselseitig hin und her und gegeneinander; wurde das fünfundachtzigmal durchgeführt, hat man naturgemäß die richtige Erfüllung gefunden. Die Grotte der Frau verschließt sich beim *Großen Regen* zunächst fest und dehnt sich dann aus; strömen ihre Säfte nach außen, ist der Geschlechtsverkehr beendet und es bietet sich die Gelegenheit zur Ruhe. Die *Hundert Krankheiten* brechen nicht aus, und die Kräfte des Mannes und der Frau nehmen immer mehr zu.«

Dies ist das Zeichen des *Tigerritts*:

»Der dritte Weg hat die Bezeichnung *Hüpfender Affe.*

Man läßt die Frau sich hinlegen; der Mann legt ihre Schenkel auf seine Schulter. Er kniet sich hin, über ihre Brust geneigt, während ihre Hinterbacken und ihr Rücken gleichermaßen erhoben sind. Dann führt er seinen Jadestab ein und bohrt sich in ihre feuchtduftende Öffnung. Die Frau wird so heiß und erregt, daß ihre Lustsäfte wie Regen kommen. Wenn der Mann tief nach unten preßt und stößt, wird sein Schaft wild und hart. Er hört erst auf, haben beide das Höchstmaß der Lust erreicht. Die *Hundert Krankheiten* sind wie von selbst geheilt.«

Dies ist das Zeichen *Hüpfender Affe*:

Dem vierten Weg gab man den Namen *Festhaftende Zikade.*

Die Frau solle sich hinknien und ihren Oberkörper gerade nach vorn strecken. Der Mann kniet sich hinter sie und dringt mit seinem Jadestab tief ein. Er hebt ihre Hinterbacken leicht an, um an ihre rote Perle anzutippen, wobei er Bewegungen ausführt, die zeitlich im Wechsel mit den Zahlen sechs und neun übereinstimmen. Die Frau wird von Erregung ergriffen, und ihre Säfte fließen. Innerhalb ihrer Jadegrotte verspürt sie heftiges Zucken, und so öffnet sie sich weit. Wenn die Frau ihren Höhepunkt erreicht hat, hört er auf. So werden die *Sieben Großen Übel* wie von selbst vermieden.

Dies ist das Zeichen *Festhaftende Zikade*:

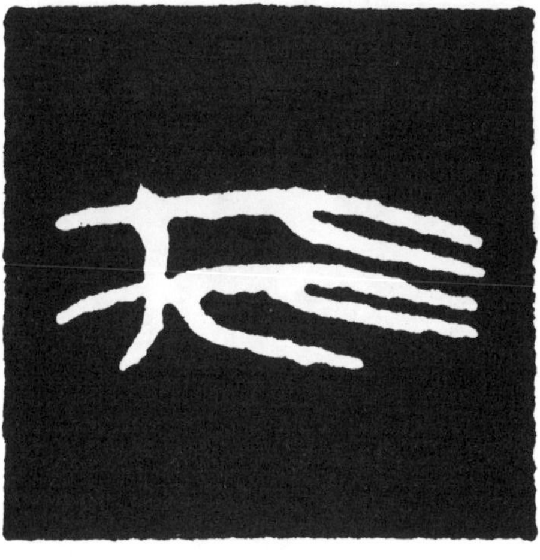

Den fünften Weg nennt man den der *Schildkröte, die hochsteigt.*

Die Frau legt sich dabei ganz gerade ausgestreckt auf den Rücken und winkelt ihre Knie an, die der Mann so weit zurückdrückt, bis sie ihre Brustwarzen berühren. Er dringt mit seinem Jadeschaft tief ein und stößt gegen ihr *Kleines Mädchen* (Klitoris). Mittels tiefer und flacher Stöße bewirkt er, daß sein Instrument ihren Samenkern (Muttermund) berührt. Auf das hin empfindet die Frau große Lust und ihr Körper vibriert und hebt sich ganz von selbst. Wenn ihre Flüssigkeit reichlich sich ergießt, vollführt er den allertiefsten Stoß. Ist die Frau auf dem Höhepunkt angelangt, läßt er nach. Verfährt er auf diese Weise, hat er darauf zu achten, nicht seinen Samen zu verlieren; dann wird seine Lebenskraft auf das Hundertfache anwachsen.

Dies ist das Zeichen der *Schildkröte, die hochsteigt*:

Der sechste Weg hat die Bezeichnung *Flatternder Phönix.*

Die Frau legt sich gerade auf den Rücken und hebt ihre Beine hoch. Der Mann kriecht zwischen ihre Schenkel und dringt, während er sich mit beiden Händen auf der Matte abstützt, tief mit seinem Jadestab ein, wobei er an ihre *Marmorierte Perle* pocht. Er lenkt seinen Schaft mit Härte und Hitze und versetzt sie in einen Bewegungstakt, der sich im Wechsel nach den Zahlen drei und acht richtet. Wenn ihre Hinterbacken sich plötzlich zusammenziehen, öffnet sich die Jadepforte der Frau und die Säfte ihrer Lust spritzen weit heraus. Hat sie ihren Höhepunkt erreicht, kann er aufhören. Damit hat man die *Hundert Krankheiten* verjagt.

Dies ist das Zeichen *Flatternder Phönix*:

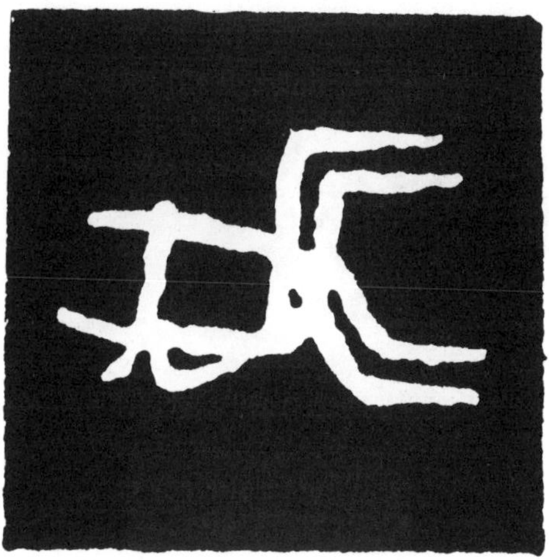

Dem siebenten Weg gab man den Namen *Kaninchen, das am Haar saugt.*

Der Mann legt sich hin, die Beine gerade ausgestreckt. Die Frau thront in umgekehrter Richtung mit gespreizten Beinen über ihm, die Knie nach außen gewendet. Ihr Gesicht ist seinen Füßen zugewandt; mit gebeugtem Kopf stützt sie sich auf die Matte. Daraufhin führt er seinen Jadestab ein und streicht über die Lautensaiten ihrer Jadepforte. Die Frau kommt zu ihrem Genuß, so daß ihre Essenz wie ein Strom herausfließt. Die Lust erreicht bei ihr eine göttliche Höhe. Hat sie den Gipfel der Freuden erlebt, hört er auf. Nie werden sich die *Hundert Krankheiten* zeigen.

Dies ist das Zeichen *Kaninchen, das am Haar saugt.*

Der achte Weg trägt die Bezeichnung *Fisch mit vereinten Schuppen.*

Der Mann legt sich ausgestreckt hin, und die Frau nimmt eine gegrätschte Stellung über ihm ein; ihr Oberkörper ist seinem Gesicht zugewandt, und sie hält sich aufrecht. Ganz sanft und ruhig führt er den Jadestab ein klein wenig ein und hält dann still. Er darf nur ein Stückchen in ihre Jadepforte eindringen, aber nicht tiefer gleiten - so wie ein Kind an seiner Mutter Brust soll ihre Perlmuttmuschel an der Spitze seines Jadestabs saugen. Die Frau wird dadurch veranlaßt, sich allein auf und ab zu bewegen, und soll dazu beitragen, daß dies lange dauert. Erreicht die Frau den Höhepunkt, zieht der Mann den Jadestab heraus. Dieser Weg heilt alle Schärfen und Härten, die sich im Temperament oder sonstwo zeigen.

Dies ist das Zeichen für den *Fisch mit vereinten Schuppen*:

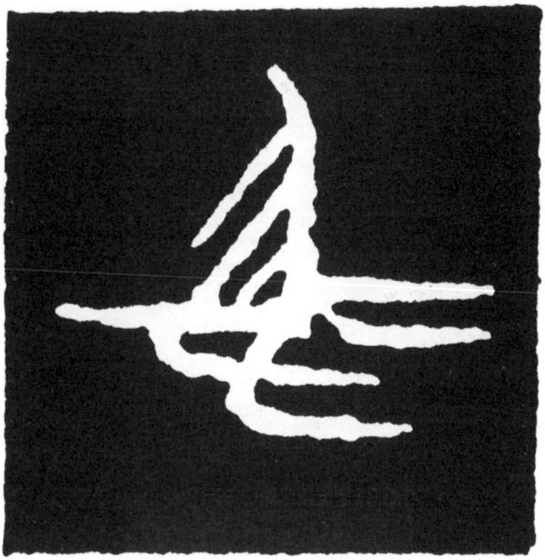

Den neunten Weg bezeichnet man als den *Kranich mit verschränkten Hälsen.*

Der Mann befindet sich in einer hockenden Stellung, die Frau desgleichen, doch sind ihre Schenkel noch weiter gespreizt. Sie umschlingt mit ihren Händen seinen Nacken, und er führt den Jadestab ein, berührt die Weizenknospen ihrer Brüste und bemüht sich, so tief einzudringen, daß er ihren *Samenkern* erreicht. Der Mann umfaßt dabei die Hinterbacken der Frau und unterstützt ihre schaukelnden Bewegungen. Die Frau genießt das reichlich und ihre Jadegrotte fließt über. Hat sie ihren Genuß gehabt, hört er auf. So werden die *Sieben Übel* von selbst kuriert.

Dies ist das Zeichen der *Kraniche mit den verschränkten Hälsen*:

Die sechs Möglichkeiten bei der Vereinigung

Der *Meister der Geheimnisvollen Höhle* sagte:

»Grundsätzlich ist es so, daß der Mann beim Geschlechtsverkehr den Jadeschaft nach unten drücken soll und während des Heineinstoßens und Herausziehens die Blütenlippen der Jadepforte wie ein Messer durchschneiden soll. Der Jadeschaft verfährt so, als ob er eine Auster öffnen wolle, um die Perle herauszuholen. Das ist die erste Haltung.

Der Jadeschaft kann auch hinabgerammt werden, die Jadelippen spalten und so den goldenen Graben ausfüllen. Anschließend verhält er sich so, als wolle er tief im Inneren schürfen, um die wunderschönen Kleinodien herauszuholen. Das ist die zweite Haltung.

Oder der Jadeschaft klopft in eindrucksvoller Weise auf die Jadeterrasse. Die Haltung, die er dabei einnimmt, gleicht einem eisernen Stößel, der in dem Mörser eines Apothekers gerührt wird. Das ist die dritte Haltung.

Der Jadeschaft dringt ein und zieht sich wieder zurück, wobei er die Empfangshalle sowohl auf der linken als auch auf der rechten Seite bearbeitet. Das sieht so aus, als ob ein Eisenstück fünfmal mit dem Hammer geklopft würde. Das ist die vierte Haltung.

Ferner mag der Jadeschaft oder vielmehr dessen Spitze vorwärts und rückwärts stoßen und dabei zwischen dem Göttlichen Feld und dem Verlassenen Tal reiben und schaben. Er führt die gleichen Bewegungen aus wie ein Bauer, der im Herbst den Acker pflügt. Das ist die fünfte Haltung.

Der Jadeschaft kann auch durch den Dunklen Garten und den Himmlischen Hof eilen, damit sich Mann und Frau gegenseitig reiben und stoßen. Dieses Vorgehen erweckt den Eindruck, als stürzten Felsen zusammen und erzeugten Echotöne. Das ist die sechste Haltung.

Die zehn Bewegungen der Frau

Es ist überliefert, daß das EINFACHE MÄDCHEN sagte:

»Was nun die Wirkung der zehn Bewegungen anbelangt, so versteht man unter der ersten, daß die Frau den Mann mit beiden Armen umschlingt und bestrebt ist, daß die beiden Körper sich eng berühren und die Geschlechtsteile sich aneinander pressen.

Unter der zweiten Bewegung versteht man, daß beide Beine von der Frau ausgestreckt werden; die obere Seite ihrer Schenkel reibt sie voll Hitze an dem Mann.

Unter der dritten Bewegung versteht man, daß die Frau den Unterleib anspannt, um die Gleitsäfte der Jadegrotte zum Fließen zu bringen.

Die vierte Bewegung besteht darin, daß die Frau ihre Gesäßbacken in freudiger Erregung hin und her bewegt.

Die fünfte Bewegung sieht so aus, daß die Frau beide Beine hochhebt und um den Mann schlingt; sie will damit erreichen, daß er tiefer in sie eindringen kann.

Unter der sechsten Bewegung versteht man, daß die Frau beide Beine auf dem Rücken des Mannes überkreuzt; dies geschieht, weil es sie innerlich vor Lüsternheit juckt.

Bei der siebten Bewegung wirft sich die Frau abwechselnd nach beiden Seiten hin und her; damit bewirkt sie, daß der Jadestengel in der Tiefe links und rechts anstößt.

Bei der achten Bewegung biegt die Frau ihren Körper nach oben, um so auch ihre Brüste an den Mann zu pressen – das äußerste an lüsternem Vergnügen.

Unter der neunten Bewegung versteht man, daß die Frau ihren Körper der Länge nach streckt und dehnt, weil er im Augenblick der höchsten Lust in allen Teilen von Freude und Genuß erfüllt ist.

Unter der zehnten Bewegung versteht man, daß die Frau auch dann noch ihre Säfte aus der Jadepforte rinnen läßt, wenn die eigentliche Essenz des Mannes schon ausgeschieden ist.

Kann der Mann diese Bewegungen richtig deuten, dann versetzt ihn das in die Lage, an ihnen die Befriedigung der Frau abzulesen.«

Die dreissig Stellungen bei der Vereinigung

Es wird überliefert, daß der *Meister der Geheimnisvollen Höhle* gesagt hat:

»Wenn man die Stellungen des geschlechtlichen Umgangs untersucht, wird man feststellen, daß es nicht mehr als dreißig dieser Art gibt. Unter ihnen sind solche, bei denen man sich zusammenkrümmt oder sich dehnt, nach unten oder nach oben blickt, herauszieht oder hineinstößt, flach oder tief, doch sind diese Stellungen im großen und ganzen alle ähnlich und unterscheiden sich nur in geringen Einzelheiten voneinander. Andererseits stimmt es, daß sie der breiten Masse des Volkes gänzlich unbekannt und verborgen geblieben sind, schon weil man nie über sie gesprochen hat. Also werde ich sie alle aufzählen, ihre Ausführungen beschreiben und ihre Bezeichnungen nennen. Die Erklärung der äußeren Form jeder Vereinigung der Körper soll mir dazu dienen, zur Erkenntnis der dahinter verborgenen Verschmelzung der Seelen, des Yin und des Yang, zu gelangen.

Ihr verständigen Freunde, erkennt die Großartigkeit meiner Absichten!

Die ERSTE STELLUNG heißt die *Enge Vereinigung.*
Die ZWEITE STELLUNG heißt die *Untrennbare Verbindung.*
Als DRITTE STELLUNG gilt *Der entblößte Fischkiemen.*
Die VIERTE STELLUNG nennt man *Das Horn des Einhorns.*

Die vier hier aufgeführten Grundstellungen sichern den Paaren, die sie benützen, die höchsten Genüsse. Ihre Beschreibung erübrigt sich, weil jeder, auch das gemeine Volk, genau weiß, was damit gemeint ist«.

Fünfte Stellung

Die Seidenraupe spult ihre Seide ab

Die Frau liegt auf dem Rücken; sie streckt beide Hände nach oben, umarmt den Nacken des Mannes und schlingt ihre Beine um seine Taille. Der Mann, der seinerseits die Frau mit beiden Händen am Nacken faßt, kniet zwischen ihren Schenkeln und führt den Jadestab ein.

Sechste Stellung

Der Drachen windet sich

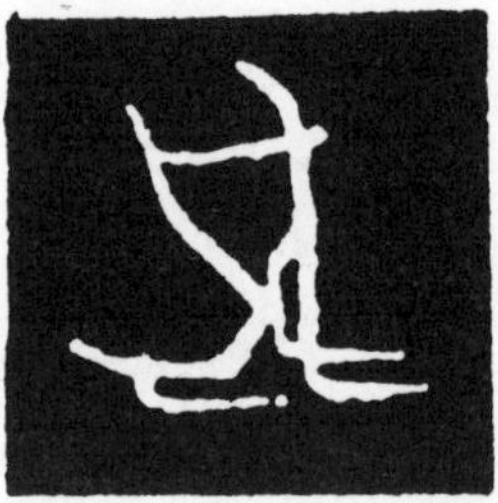

Die Frau liegt auf dem Rücken und streckt ihre Beine hoch. Der Mann kniet zwischen den Schenkeln der Frau und drückt mit seiner linken Hand ihre Beine zurück, bis sie beinahe ihre Brüste berühren. Mit der rechten Hand nimmt er den Jadestab und führt ihn durch die Jadepforte ein.

Siebte Stellung
Fische blicken sich in die Augen

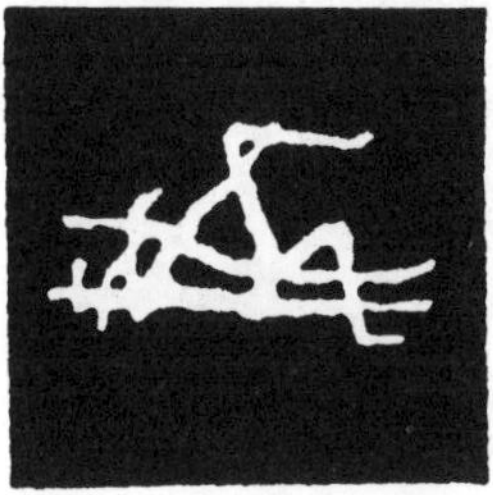

Der Mann und die Frau liegen nebeneinander. Die Frau schwingt ein Bein über den Mann; sie sind nun einander zugewandt, Gesicht gegen Gesicht saugen sie sich gegenseitig an den Lippen und kosen mit den Zungen. Der Mann hebt das obere Bein der Frau mit seiner Hand hoch und dringt mit dem Jadestab tief ein.

Achte Stellung
Die Schwalben tauschen die Herzen aus

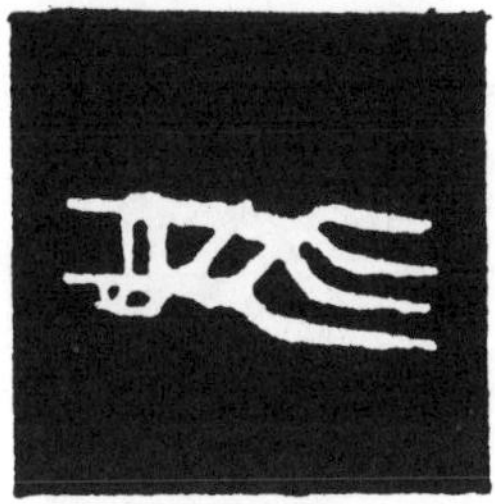

Die Frau legt sich auf den Rücken und spreizt dabei ihre Beine. Dann setzt sich der Mann rittlings auf sie, duckt sich über ihren Bauch und umfaßt ihren Nacken mit seinen Händen. Die Frau schlingt ihrerseits ihre Arme um seine Taille; er stößt daraufhin seinen Jadeschaft in ihre Zinnobergrotte.

Neunte Stellung
Die Eisvögel vereinigen sich

Die Frau liegt auf dem Rücken und hebt die Beine hoch. Der Mann nimmt die Sitzhaltung der Barbaren ein, drückt die Beine der Frau auseinander und schiebt sich dicht an ihre Jadegrotte. Er faßt sie mit beiden Händen um die Taille und plaziert seinen Jadestengel mitten zwischen ihre Lautensaiten.

Zehnte Stellung
Die Mandarinenten paaren sich

Die Frau legt sich auf die Seite, spreizt ein Bein ab und plaziert es auf den Schenkeln des Mannes hinter ihr. Im Rücken der Frau drängt sich der Mann zwischen ihre Schenkel. Er streckt ein Knie aus, legt es auf den Oberschenkel der Frau und führt den Jadestab ein.

Elfte Stellung

Der Schmetterling schwebt in den Himmel

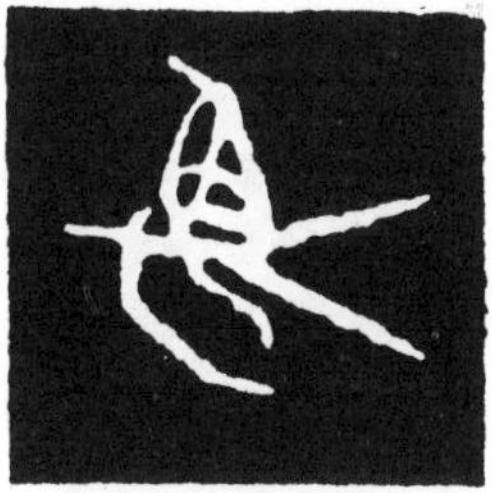

Der Mann liegt auf dem Rücken und hat seine Beine ausgestreckt; die Frau sitzt rittlings auf ihm, ihr Gesicht ist dem seinen zugewandt. Ihre Füße stützen sich auf der Matte ab, und während sie so über ihm hockt, verhilft sie ihm mit den Händen zu voller Spannkraft. Schon drängt sich sein Jadestab in ihre Muschelpforte und rückt vor.

Zwölfte Stellung

Die Wildente fliegt rückwärts

Der Mann liegt auf dem Rücken, seine Beine sind gespreizt. Die Frau sitzt rittlings auf dem Mann, mit dem Rücken zu seinem Gesicht, die Knie finden auf der Matte Halt; sie beugt den Kopf nach vorn, umfaßt den Jadestab des Mannes und führt ihn in ihre Zinnobergrotte ein.

Dreizehnte Stellung

Die Kiefer läßt ihre Zweige hängen

Die Frau spreizt ihre Beine weit und kreuzt sie auf dem Rücken des Mannes. Der Mann umfaßt die Taille der Frau mit den Händen, während die Frau die ihren auf den Nacken des Mannes legt. Dann führt er den Jadeschaft in die Jadepforte ein.

Vierzehnte Stellung

Der Bambus nähert sich dem Altar

Mann und Frau stehen einander Auge in Auge gegenüber. Sie tauschen Zungenküsse aus und umarmen sich. Er nimmt sein Manneswerkzeug und schiebt es tief in die Zinnoberhöhlung; sobald es drinnen die Sonnenterrasse erreicht hat, beginnt der Fluß der Freude zu fließen.

Fünfzehnte Stellung
Zwei Phönixweibchen tanzen

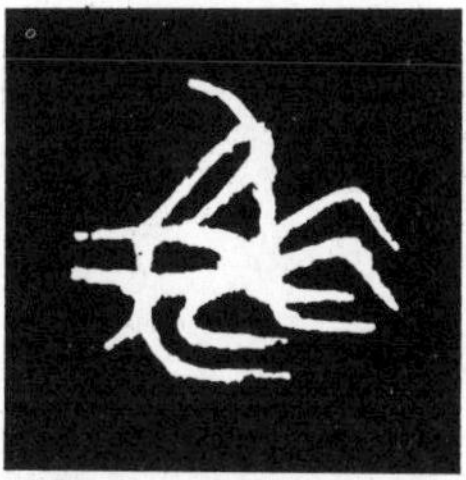

Ein Mann möchte mit zwei Frauen das Spiel der Liebe spielen. Die eine Frau legt sich auf den Rücken, die andere stellt sich zunächst über sie. Die auf dem Rücken liegende Frau zieht ihre Beine zurück bis zum Kopf, die Frau über ihr setzt sich rittlings auf die Unterseite ihrer Schenkel. Ihrer beider Jadepforten liegen aneinander jetzt unmittelbar gegenüber. Der Mann kniet sich vor sie hin, bringt seinen Jadestab in Stellung und greift zuerst die eine und dann die andere Jadepforte an.

Sechzehnte Stellung
Der Phönix holt sich zwei Küken

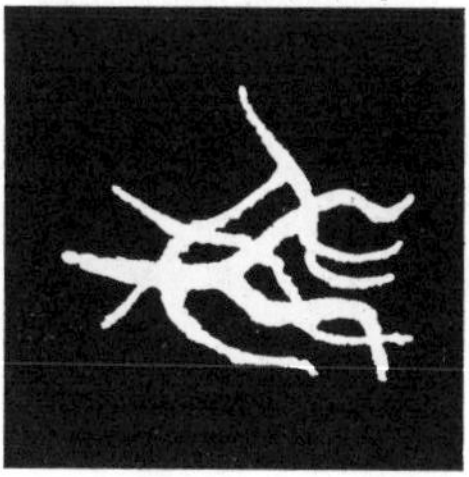

Wenn die Frau groß und üppig ist, bedarf sie außer ihres Mannes noch eines kleineren Mannes als Ergänzung. Wenn beide Männer dann gemeinsam mit ihr verkehren und sich in ihrer geräumigen Jadegrotte begegnen, so übertrifft dies das gewöhnliche Vergnügen.

Siebzehnte Stellung

Die Seemöwe schwingt sich empor

Der Mann tritt an die Seite des Bettes und hebt die Beine der Frau hoch, um sie auf seinen Schultern zu plazieren. Anschließend führt er seinen Jadeschaft in ihre Jadegrotte ein.

Achtzehnte Stellung

Das Wildpferd springt

Die Frau liegt auf dem Rücken. Der Mann kniet vor ihr, hebt ihre Beine hoch und legt sie sich links und rechts auf die Schultern. Tief führt er daraufhin den Jadestab in die Jadepforte ein.

Neunzehnte Stellung
Das Streitroß schlägt einen schnellen Galopp an

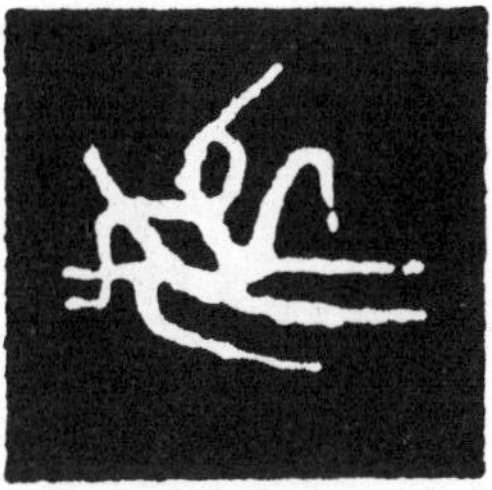

Die Frau liegt auf dem Rücken. Der Mann läßt sich in hockender Stellung vor ihr nieder; seine linke Hand dient dem Nacken der Frau als Stütze, während seine rechte Hand ein Bein der Frau hochhebt. Dann führt er seinen Jadestab in ihren Schoß ein.

Zwanzigste Stellung
Das Pferd schlägt aus

Die Frau liegt auf dem Rücken. Der Mann hebt das eine Bein der Frau hoch und legt es auf seine Schulter. Das andere Bein spreizt sie weit ab, und er kann seinen Jadeschaft tief in die Zinnoberhöhlung eindringen lassen. Wie hinreißend ist das doch!

Einundzwanzigste Stellung

Der weiße Tiger springt

Die Frau kniet sich mit nach unten gewandtem Gesicht hin. Der Mann nimmt hinter ihr, ebenfalls kniend, seine Stellung ein. Mit beiden Händen umfaßt er die Taille der Frau und führt dabei den Jadestengel in ihre Jadegrotte ein.

Zweiundzwanzigste Stellung

Die schwarze Grille klebt fest

Die Frau legt sich mit nach unten gewandtem Gesicht hin und streckt ihre Beine aus. Der Mann kniet zwischen ihren gespreizten Schenkeln. Er umschlingt mit beiden Armen die Schenkel der Frau, hebt sie hoch und schiebt von hinten den Jadestab in die Jadepforte hinein.

Dreiundzwanzigste Stellung

Die Bergziege starrt einen Baum an

Der Mann setzt sich mit ausgestreckten Beinen hin, während die Frau auf seinem Schoß Platz nimmt; dabei kehrt sie ihm den Rücken zu. Die Frau hält den Kopf gesenkt und sieht zu, wie der Jadestab eingeführt wird. Plötzlich umschlingt der Mann die Taille der Frau, hebt sie hoch und stößt sie heftig auf sich herunter.

Vierundzwanzigste Stellung

Kampfhahn und Haushuhn betreten den Kampfplatz

Der Mann sitzt wie ein Barbar auf der Matte. Er läßt eine junge Dienerin seinen Jadestengel halten und führte ihn dann in die Jadepforte der über ihm kauernden Frau ein. Die Dienerin zieht von hinten an der Kleidung der anderen Frau, damit deren Hüften sich schneller bewegen. Welch ein großes Vergnügen bedeutet das doch!

Fünfundzwanzigste Stellung
Ein Phönix spielt an der Zinnobergrotte

Die Frau soll auf dem Rücken liegen und mit beiden Händen selbst ihre Beine hochheben. Der Mann kniet vor der Frau, hält sich mit beiden Händen an der Matte fest und führt seinen Jadeschaft in die Zinnobergrotte. Das bereitet den höchsten Genuß.

Sechsundzwanzigste Stellung
Ein großer Vogel schwebt über einem dunklen Meer

Die Frau liegt auf dem Rücken. Der Mann nimmt ihre beiden Beine und plaziert sie über seine Oberarme, rechts wie links. Mit den Händen greift er nach unten und faßt die Frau um die Taille. Dann führt er den Jadestab ein.

Siebenundzwanzigste Stellung
Ein schreiender Affe klammert sich an den Baum

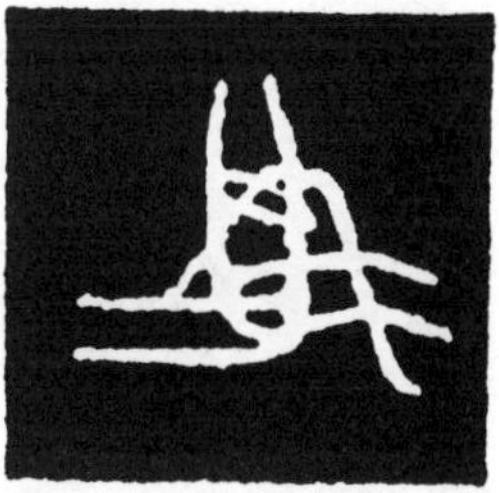

Der Mann sitzt mit ausgestreckten Beinen da, während die Frau rittlings auf seinen Schenkeln thront. Sie umarmt den Mann mit beiden Armen, er legt eine Hand unter ihre Hinterbacken und führt den Jadestab ein. Mit der anderen Hand stützt er sich auf der Matte ab.

Achtundzwanzigste Stellung
Katze und Ratte teilen sich ein Loch

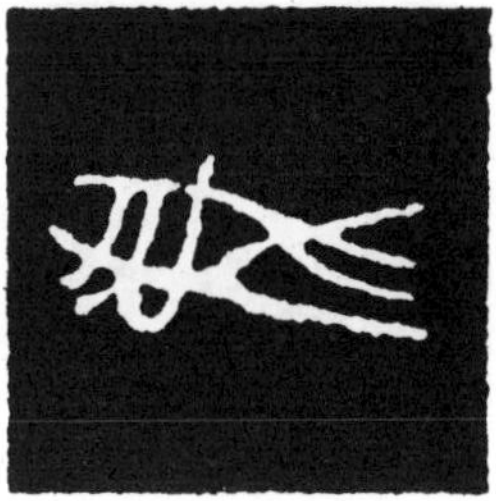

Der Mann liegt auf dem Rücken und hält die Beine ausgestreckt. Die Frau hockt sich auf ihn und führt sich den Jadestab tief ein. Danach kann der Mann sich auf den Rücken der Frau legen und ihre Jadepforte von hinten angreifen.

Neunundzwanzigste Stellung

Der Esel im ersten, zweiten und dritten Frühlingsmonat

Die Frau kauert sich auf Händen und Füßen auf das Bett. Der Mann steht hinter ihr und umfaßt mit seinen Händen ihre Taille. Dann führt er den Jadestab in die Jadepforte ein. Das ist äußerst genußreich.

Dreissigste Stellung

Der Hund im ersten, zweiten und dritten Herbstmonat

Mann und Frau kauern auf Händen und Füßen auf der Matte, wobei sie sich den Rücken zukehren. Ihre Hinterbacken berühren einander. Der Mann senkt seinen Kopf und führt mit einer Hand sein Jadeding in die Jadepforte ein.

DIE NEUN STILE BEI DER VEREINIGUNG

Der *Meister der Geheimnisvollen Höhle* hat über die verschiedenen Stile, gemäß denen sich der Jadeschaft bei der Vereinigung bewegt, folgendes gesagt:

»Im allgemeinen teilt der Jadeschaft nach links oder rechts Stöße aus und gleicht so einem tapferen Feldherrn, der sich durch die Schlachtreihen kämpft. Das ist der erste Stil.

Er vermag auch hinauf oder hinunter zu hüpfen und gleicht so einem wilden Pferd, das in einen Bergbach springt. Das ist der zweite Stil.

Er kann sichtbar werden oder wieder verschwinden und gleicht so einem Schwarm von Seemöven, die auf den Wellen schaukeln. Das ist der dritte Stil.

Wenn er sehr tief hineinstößt oder flach herumspielt, dann gleicht er einem Spatzen, der neben einer Krähe aus dem Trog pickt. Das ist der vierte Stil.

Er kann sich gemächlich tief ins Innerste versenken oder sich flach hineinschieben und gleicht so einem großen Felsen, der ins Meer gestürzt ist. Das ist der fünfte Stil.

Er mag sich sanft hineindrücken oder geschmeidig vorwärtsdringen und gleicht so einer Schlange, die im Winter in ein Erdloch hineinschlüpft. Das ist der sechste Stil.

Er kann blitzschnell hineinschießen oder auf einmal drinnen auftauchen und gleicht so einer Maus, die erschreckt in einem Loch verschwindet. Das ist der siebte Stil.

Er vermag seinen Kopf zu heben und behutsam den Fuß auf die Beute zu setzen und gleicht so einem Falken, der einen feisten Hasen geschlagen hat. Das ist der achte Stil.

Er kann emporsteigen oder sich herabbeugen und gleicht so einem großen Segel, das sich gegen den Wind stemmt. Das ist der neunte Stil.

Die acht Wohltaten der Vereinigung

Es ist überliefert, daß das EINFACHE MÄDCHEN sagte:

»Die Beziehung zwischen Mann und Frau weist *sieben Übel* auf und *acht Wohltaten.*

Die *erste der Wohltaten* besteht darin, ›den Samen zu behalten‹. Die Frau soll auf der Seite liegen, die Schenkel gespreizt. Der Mann legt sich zwischen sie, ebenfalls seitwärts gewandt. Er stößt sie, wobei er auf die Zahl von zweimal neun achtet. Hat er die Zahl erreicht, hört er auf. Das bewirkt bei dem Mann, daß er den Samen zurückhält. Wenn es zweimal am Tag so gemacht wird, kann eine Frau, die am Blutfluß leidet, in fünfzehn Tagen davon geheilt werden.«

Das Zeichen der *ersten Wohltat*:

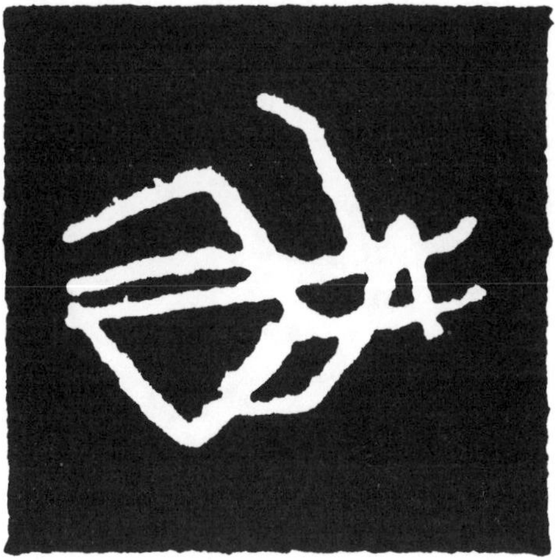

»Die *zweite Wohltat* besteht darin, ›die Lebenskraft in Ruhe zu halten‹. Die Frau liegt ausgestreckt da, ein Polster unter sich und die Beine gespreizt. Der Mann kniet zwischen ihren Schenkeln und stößt sie, wobei er auf die Zahl von dreimal neun achtet. Wenn die Zahl erreicht ist, hört er auf. Auf diese Weise wird die Lebenskraft des Mannes zur Harmonie gebracht. Auch mögliche Kälte in der Jadepforte der Frau kann dadurch geheilt werden; wenn diese Methode dreimal täglich angewandt wird, zeigt sich nach zwanzig Tagen der Erfolg.«

Das Zeichen der *zweiten Wohltat*:

»Die *dritte Wohltat* besteht im sogenannten ›vorteilhaften Hamstern‹. Die Frau legt sich auf die Seite und spreizt ein Bein ab. Der Mann legt sich mit überkreuzten Beinen hinter sie und stößt sie; er achtet dabei auf die Zahl von viermal neun. Hat er die Zahl erreicht, hört er auf. Die Wirkung besteht darin, daß die Lebenskraft des Mannes Harmonie erlangt; ferner kann Trockenheit in der Jadepforte der Frau geheilt werden, wenn man sich auf diese Weise viermal täglich vereinigt. Die Frau wird in zwanzig Tagen gesund sein.«

Das Zeichen der *dritten Wohltat*:

»Die *vierte Wohltat* besteht in der ›Kräftigung der Knochen‹. Die Frau liegt hierbei auf der Seite, zieht ihr linkes Knie etwas an und streckt ihr rechts Bein aus. Der Mann kniet über ihrem rechten Bein und stößt sie; sein Werk führt er im Zahlenrhythmus fünfmal neun aus und hört auf, wenn die Endzahl erreicht worden ist. Die Wirkung zeigt sich darin, daß sich beim Mann wieder die Beweglichkeit der Gelenke einstellt. Des weiteren vermag ein gehemmter Blutfluß der Frau geheilt werden, wenn obiges Werk fünfmal am Tag geschieht; einen Erfolg sieht man nach zehn Tagen.«

Das Zeichen der *vierten Wohltat*:

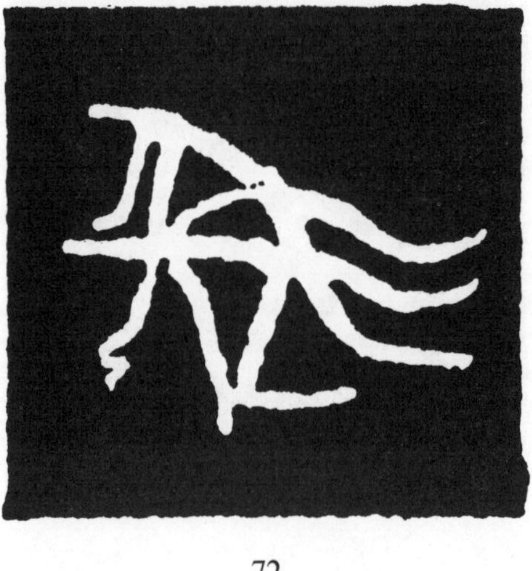

»Die *fünfte Wohltat* trägt die Bezeichnung ›die Adern reinigen‹. Die Frau liegt auf der Seite, hat das rechte Bein angezogen und das linke ausgestreckt. Der Mann stützt sich am Boden auf und stößt sie, wobei er auf die Zahl sechsmal neun achtet und aufhört, sobald er die Endzahl erreicht hat. Die Folge ist, daß die Adern des Mannes gründlich durchblutet werden. Heilsam ist dies auch für eine ausgeprägte Verkrampfung in der Scheide der Frau; wenn man sich sechsmal am Tag des oben erwähnten Tuns befleißigt, wird die Frau in zwanzig Tagen geheilt sein.«

Das Zeichen der *fünften Wohltat*:

»Unter der *sechsten Wohltat* versteht man die ›Lagerung des Blutes‹. Der Mann liegt gerade ausgestreckt da, während die Frau ihr Gesäß über ihn schwingt und sich über ihn kniet. Er führt seinen Jadestab möglichst tief in sie ein, stößt die Frau gemäß der Zahlenordnung siebenmal neun und zieht sich zurück, sobald er dies erfüllt hat. Die Wirkung besteht darin, daß die Lebenskraft des Mannes vermehrt wird. Auch um Störungen im Zyklus der Monatsblutungen einer Frau zu beheben, kann obiges siebenmal täglich ausgeführt werden; innerhalb von zehn Tagen ist sie dann geheilt.«

Das Zeichen der *sechsten Wohltat*:

»Die *siebte Wohltat* hat die Bezeichnung ›die Flüssigkeit nutzen‹. Die Frau legt sich ausgestreckt auf den Bauch, wobei ihr Gesäß durch einen Polster erhöht sein muß. Der Mann legt sich auf sie, stößt sie im Rhythmus achtmal neun und läßt von ihr ab, wenn die richtige Zahl erreicht ist. Das trägt dazu bei, daß die Knochen des Mannes gekräftigt werden.«

Das Zeichen der *siebten Wohltat*:

»Für die *achte Wohltat* verwendet man die Bezeichnung ›den Körper belehren‹. Die Frau legt sich gerade ausgestreckt hin, winkelt die Beine ab und bringt ihre Füße unter die Hinterbacken. Der Mann läßt sich auf Händen und Knien über ihr nieder und beginnt sie zu stoßen. Hat er das gemäß der Zahlenordnung neunmal neun vollführt, hört er auf. Auf diese Weise werden die Knochen des Mannes zum Wachstum angeregt. Die Methode hilft auch, einen unangenehmen Geruch aus der Jadegrotte der Frau zu vertreiben; man muß es zu diesem Zweck neunmal am Tag tun. In neun Tagen ist sie geheilt.«

Das Zeichen der *achten Wohltat*:

DIE FÜNF ZEICHEN DER LUST BEI DER FRAU

Es ist überliefert, daß der GELBE HERRSCHER fragte:

»Wie kann ich gewahr werden, daß die Frau Genuß und Befriedigung empfindet?«

Das EINFACHE MÄDCHEN gab zur Antwort:

»Es gibt fünf Anzeichen dafür, ebenso fünf Wünsche sowie zehn Bewegungen. Wenn du diese Wandlungen genau beobachtest, wirst du die Ursachen dafür erkennen. Der Mann sollte sich danach richten, wie es in dem alten, bekannten Lied empfohlen wird:

> Mein Polster nehm' ich, um aus dem Fenster zu lehnen.
> Wenn du vorbeikommst, kannst du mit mir scherzen.
> Doch wissen mußt du, wie die Sprache der Liebe lautet.
> Wer plump sich nähert, kann nicht die Liebe gewinnen.

Was nun die fünf Anzeichen anbelangt, so spricht man vom »geröteten Gesicht« als dem ersten; ist es zu sehen, kannst du mit aller Gemächlichkeit damit beginnen, zwischen ihre Schenkel vorzudringen.

Beim zweiten Anzeichen kommt es darauf an, daß die Brustspitzen hart werden und auf der Nase sich Schweißtropfen zeigen; mit gebührender Rücksichtnahme kannst du jetzt den Jadestab einführen.

Das dritte Anzeichen besteht darin, daß ihre Kehle trocken und der Speichelfluß gehemmt wird; nun kannst du zu stoßen anfangen, jedoch nicht zu heftig.

Das vierte Anzeichen wird sein, daß die Jadegrotte zunehmend schlüpfriger wird; auf das hin kannst du tiefer und tiefer eindringen, so weit es nur geht.

Als fünftes Anzeichen wirst du bemerken: wenn ihr die Säfte ihrer Lust herauslaufen bis hinab zu den Gesäßbakken, dann ziehe sanft den Jadestengel aus ihrer Jadepforte.

Die sieben Übel der Vereinigung

Das EINFACHE MÄDCHEN sprach:

»Das *erste Übel* bezeichnet man als den ›angehaltenen Atem‹. Wenn bei jemand die Atmung gehemmt ist, dann bedeutet dies, daß er das Verlangen in seinem Herzen krampfhaft unterdrückt. Der Schweiß bricht ihm aus und alle Kraft ist wie gelähmt, wodurch sein Herz zu hämmern beginnt und sein Blick sich verdunkelt. Um dies zu beheben, bittet man die Frau, sich gerade ausgestreckt hinzulegen. Der Mann hebt ihre beiden Beine hoch, dringt mit dem Jadestab tief ein und bringt die Frau dazu, sich selbst weiter zu erregen. Wird der Lusttau der Frau sichtbar, hört er auf. Der Mann darf keinesfalls selbst den Gipfel des Genusses erreichen. Wird das neunmal täglich ausgeführt, wird er in zehn Tagen geheilt sein.«

Das Zeichen des *ersten Übels*:

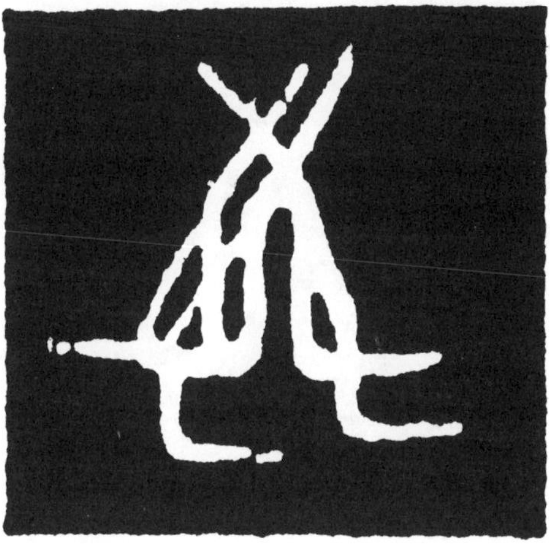

»Das *zweite Übel* ist der ›vorzeitige Samenerguß‹, noch ehe das weibliche und das männliche Element in Harmonie zueinander gefunden haben. Hat der Mann außerdem noch Geschlechtsverkehr, wenn er betrunken ist, fügt er seinen Lungen Schaden zu. Das wiederum führt dazu, daß seine Atemluft verderbt ist und daß er zuckerkrank wird. Ob er nun gut aufgelegt oder ärgerlich ist, trübsinnig oder gewalttätig, stets wird sein Mund trocken und sein Körper heiß sein. Das Mittel, um das zu beheben, besteht darin, daß er die Frau veranlaßt, sich gerade ausgestreckt auf den Rücken zu legen, die Beine aufzustellen und an den Knien abzuwinkeln. Über ihr knieend führt er den Jadestab ein, macht aber nur flache Stöße und bringt die Frau dazu, sich selbst weiter zu erregen. Wird der Lusttau der Frau sichtbar, hört er auf, ohne selbst zum Höhepunkt zu kommen. Wird das neunmal täglich ausgeführt, wird er in zehn Tagen geheilt sein.«

Das Zeichen des *zweiten Übels*:

»Das *dritte Übel* trägt die Bezeichnung ›der gestörte Kreislauf‹. Wenn der Kreislauf eines Manness gestört ist, sollte das weibliche Element des Yin nicht zu stark auf ihn einwirken. Mittendrin verliert er sonst seinen Samen, und seine Lebenskraft fällt der Erschöpfung anheim. Vollzieht er den Geschlechtsverkehr, nachdem er üppig getafelt hat, schädigt er seine Milz. Das hat zur Folge, daß die Nahrung für den Mann unverdaulich wird, daß sein Jadestab erschlafft und daß er keinen Samen mehr erzeugt. Um dieses Leiden auszuheilen, muß er dafür sorgen, daß die Frau sich auf den Rücken legt und ihre Beine um die Hüften des Mannes schlingt. Der Mann, der auf der Matte kniet, führt den Jadestab ein und bringt die Frau dazu, sich selbst weiter zu erregen. Wird der Lusttau der Frau sichtbar, hört er auf, ohne selbst zum höchsten Genuß zu gelangen. Wird das neunmal täglich ausgeführt, wird er in zehn Tagen geheilt sein.«

Das Zeichen des *dritten Übels*:

»Das *vierte Übel* heißt man ›Energieverlust‹. Wenn jemand an Energieverlust leidet, so zeigt sich das an seiner Erschöpfung. Unablässig schwitzt er und will einfach nicht mehr trocken werden. Hat er Geschlechtsverkehr, so hat das zur Folge, daß sich ihm der Magen umdreht und daß seine Lippen rissig werden. Das richtige Mittel, um das zu kurieren, besteht darin, daß sich der Mann hinlegt, ganz gerade ausgestreckt; die Frau sitzt auf ihm, die Beine seitlich gespreizt, ihr Gesicht auf seine Füße gerichtet. Die Frau stützt sich auf die Matte und führt sich den Jadestengel ganz wenig ein. Der Mann bringt sie dazu, sich selbst weiter zu erregen. Wird ihr Lusttau sichtbar, hört er auf. Der Mann darf seinen Höhepunkt nicht erreichen. Wird das neunmal täglich ausgeführt, wird er in zehn Tagen geheilt sein.«

Das Zeichen des *vierten Übels*:

»Als *fünftes Übel* gilt die ›Unordnung der Organe‹. Mit diesem Namen bezeichnet man einen Zustand, bei dem alle Organe geschädigt sind; wenn jemand an einem derartigen Leiden erkrankt ist, kann er weder Wasser noch Stuhl halten. Sollte er mit Gewalt versuchen, seinen Jadestengel zu benutzen, obwohl sein Körper dazu nicht in der Lage ist, schädigt er seine Leber. Er kann nur noch wie durch einen Schleier sehen, es entstehen sowohl Geschwüre als auch Abszesse, und seine Adern werden spröde und brüchig. Bald ist sein Jadestab nicht mehr in der Lage sich aufzurichten. Um diese Leiden zu kurieren, muß sich der Mann flach ausgestreckt hinlegen, während die Frau sich mit angezogenen Knien auf ihn kauert. Sie übernimmt langsam, doch sicher die Führung und lenkt den Jadeschaft an den richtigen Ort. Der Mann muß dafür sorgen, daß sich die Frau selbst erregt; ist dies erreicht, hört er sofort auf. Wenn diese Übung neunmal täglich ausgeführt wird, sollte er in zehn Tagen geheilt sein.«

Das Zeichen des *fünften Übels*:

»Bei dem *sechsten Übel* handelt es sich um ›die hundert Verstopfungen‹. Ist jemand von den hundert Verstopfungen befallen, zeigt er sich gegenüber Frauen von einer hemmungslosen Lüsternheit; er verausgabt sich selbst, ohne eine Grenze zu kennen. Er hat häufig Geschlechtsverkehr, büßt jeden Sinn für Verhältnismäßigkeit ein und verschwendet seinen Samen. Daraus ergeben sich wohl hundert Krankheiten, und sein Blick ist getrübt. Um das zu kurieren, muß sich der Mann flach ausgestreckt hinlegen; die Frau setzt sich mit gespreizten Beinen über ihn, neigt sich nach vorn und stützt sich auf die Matte. Der Mann bittet die Frau, sich seinen Jadestengel einzuführen und sich selbst zu erregen. Ist dies erreicht, hört er auf. Wenn diese Übung neunmal täglich ausgeführt wird, sollte er in zehn Tagen geheilt sein.«

Das Zeichen des *sechsten Übels*:

»Das *siebte Übel* nennt man ›Erschöpfung des Blutes‹. Wer darunter leidet, macht alles mit Anstrengung und ist beim Geschlechtsverkehr mit Schweiß bedeckt. Wenn sich solche Männer zu einer Frau legen, überbieten sie ihre Fähigkeiten und kommen jählings zum Höhepunkt. Daraus erwachsen Krankheiten: das Blut trocknet aus, die Lebenskraft ist erschöpft, die Haut wird welk und die Muskeln schlaff; der Jadestab ist krumm, der Hodensack verschrumpelt, und der Samen geht ins Blut über. Um das heilen zu können, muß sich die Frau ausgestreckt auf den Bauch legen, ein Polster unterschieben, damit sich ihr Gesäß hochreckt, und beide Beine ausstrecken. Der Mann kniet zwischen ihre Schenkel und stößt tief hinein. Er reizt die Frau mit seinem Jadestab, hört aber auf, sobald ihr Lusttau zu strömen beginnt. Der Mann darf nicht damit fortfahren, bis er selbst den höchsten Genuß empfindet. Wenn das neunmal täglich ausgeführt wird, sollte er in zehn Tagen vollständig gesund sein.«

Das Zeichen des *siebten Übels*:

DIE FÜNF WÜNSCHE DER FRAU

Es ist überliefert, daß das EINFACHE MÄDCHEN sagte:

»Kennt er ihre fünf Wünsche, dann ist es dem Mann möglich, die Reaktion der Frau vorherzusagen.

Ihren ersten Wunsch bezeichnet man als ›Absicht‹; er ist daran zu erkennen, daß ihr Atem verhalten ist und daß ihre Bewegungen seltsam träge scheinen.

Unter dem zweiten Wunsch versteht man die Anzeichen ihrer ›geschlechtlichen Aufmerksamkeit‹; man sieht, daß ihre Nasenflügel sich erweitern und daß ihr Mund sich halb öffnet.

Beim dritten Wunsch äußert sich ihre ›unmittelbare Zuwendung‹; hierbei wird sie von Leidenschaft überwältigt und umarmt, erregt und lüstern, den Mann.

Unter dem vierten Wunsch versteht man ihre ›Konzentration‹; sie ist jetzt ganz von Begierde erfüllt, der Schweiß bricht ihr dermaßen aus, daß ihre Kleidung feucht wird und daß ihre Schenkel naß werden.

Als Anzeichen der Erfüllung des fünften Wunsches gilt der ›freudige Hochgenuß‹; hat sie den Höhepunkt ihrer Empfindungen erreicht, streckt sich ihr Körper und die Augen schließen sich in Erwartung des Mannes.«

Die Lehren des Meisters der Geheimnisvollen Höhle

Wie die Harmonie zu gewinnen ist

Es ist überliefert, daß der *Meister der Geheimnisvollen Höhle* gesagt hat:

»Nun ist es so, daß der Himmel sich nach links dreht, während die Erde sich nach rechts bewegt. Der Frühling und der Sommer entschwinden, der Herbst und der Winter treten an ihre Stelle. Der Mann beginnt ein Lied zu singen, und die Frau stimmt mit ein. Das Obere handelt und das Untere nimmt entgegen. Das ist die Ordnung, die den Dingen und Ereignissen zugrundeliegt. Wenn der Mann eine Forderung stellt und die Frau ihr nicht entspricht, oder wenn die Frau Leidenschaft zeigt und der Mann nicht darauf reagiert, dann ist das nicht nur von Nachteil für den Mann, sondern schadet auch der Frau. Das ist dann der Fall, wenn *Yin* und *Yang*, das weibliche und das männliche Element, beim Vorausgehen und beim Nachfolgen, bei ihrem Auf und Ab aus dem Takt geraten sind. Wenn man in dieser Situation eine Vereinigung vollzieht, werden beide Seiten keinen Vorteil davon haben. Deshalb muß der Mann stets sich nach links drehen, während die Frau sich nach rechts wendet. Der Mann stößt nach unten und die Frau drückt nach oben. Wer die Vereinigung auf diese Art und Weise vollzieht, der befriedet den Himmel und erwirbt die Erde.

Es gibt nicht nur eine einzige Art und Weise, um tief und flach, langsam und schnell, gerade und seitwärts zu stoßen, sondern eine gewaltige Vielfalt davon. So soll etwa ein sanfter Stoß den Bewegungen eines kleinen Fisches an einer Angel gleichen; heftigeres Stoßen ähnelt dagegen dem Flug von Vögeln, die gegen den Wind ankämpfen. Eindringen und zurückziehen, nach oben und nach unten stoßen, nach links und nach rechts reiben, Unterbrechungen machen oder das Tempo steigern - alle diese Bewegungen müssen aufeinander abgestimmt sein. Man sollte jeden dieser Wege zur passenden Zeit einschlagen und nicht immer hartnäckig und einfallslos denselben Pfad begehen. Auch die Töne der Musik erweisen erst in Abstimmung mit dem Tempo ihre Harmonie.«

Er erklärte des weiteren:

»Haben ein Mann und eine Frau zum ersten Mal geschlechtlichen Umgang miteinander, dann sitzt im allgemeinen der Mann zur Linken der Frau und die Frau zur Rechten des Mannes. Dann kreuzt der Mann die Beine übereinander und zieht die Frau an seine Brust. Er umfaßt ihre schlanke Taille, liebkost ihren Jadekörper und verwickelt sie in eine Unterhaltung darüber, wie sie sich näherkommen und miteinander verbinden könnten. Sind beider Gefühle und Absichten in Einklang gebracht, umarmen sie sich; Mund trifft auf Mund. Der Mann saugt an der Unterlippe der Frau, die Frau hingegen an der Oberlippe des Mannes. Sie tauschen Küsse und schlürfen den Speichel des anderen. Sie beißen auch sanft in die Zungenspitze des anderen oder in dessen Lippen, nehmen dessen Kopf in die Hände, drücken sich eng aufeinander und kneifen sich gegenseitig in die Ohren. Sie kosen das Obere und streicheln das Untere, küssen auf der linken Seite und saugen auf der rechten Seite. Sie erweisen sich tausend Zärtlichkeiten, so daß die hundert Sorgen zerstieben. Er läßt dann die Frau seinen Jadeschaft in ihre linke Hand nehmen, während er ihre Jadepforte mit der rechten Hand streichelt. Infolgedessen wird der Mann von der Lebenskraft des weiblichen Elements erfaßt; sein Jadeschaft richtet sich auf, bereit zum Handeln. Dieser Zustand ist zweifelsohne so imposant anzusehen wie ein einsamer Berggipfel, der bis zur Milchstraße emporragt. Die Frau hinwiederum wird von der Lebenskraft des männlichen Elements erfaßt, schon beginnen die Säfte der Lust ihrer Zinnoberhöhle zu entströmen. Dieser Zustand gleicht zweifelsohne dem Bild eines abgelegenen Stroms, der sich in ein tiefes Tal ergießt. Wenn die Erregung an diesem Punkt angelangt ist, ist die rechte Zeit zur Vereinigung.

Erhebt sich der Jadeschaft des Mannes nicht, oder tritt kein Gleitsaft aus der Jadepforte der Frau aus, dann ist das eine oder das andere von einer Krankheit befallen, die in Kürze schlimmer werden wird.«

Das also sind die Empfindungen und Reaktionen, die vom weiblichen und vom männlichen Element bewirkt werden - etwas, das allein mit Menschenkraft nicht zu erreichen ist.

*

Es ist überliefert, daß der GELBE HERRSCHER ferner fragte:

»Auf welche Art und Weise wirken sich das weibliche und das männliche Element beim Geschlechtsverkehr aus?«

Das EINFACHE MÄDCHEN erwiderte:

»Sicherlich ist es so, daß die Art und Weise der Vereinigung sich in bestimmten Formen und Stellungen abspielt. Dabei verstärkt der Mann seine Lebenskraft, während die Frau sich vor Krankheiten schützt oder sie vertreibt. Des Herzens Ziel ist erreicht und die Lebenskraft ist von neuem gewährleistet. Wer den richtigen Weg aber nicht kennt, der treibt es zu arg und kommt herunter. Wenn du den richtigen Weg beschreiten willst, dann besteht er darin, in das Herz Frieden einkehren zu lassen und die Gedanken in Harmonie zu üben. Dann kehrt der Geist in seinen Urzustand zurück; er ist weder kalt noch heiß, weder übersättigt noch ausgehungert. Du besänftigst den Körper und stellst dich auf das richtige Ziel ein: der geschlechtliche Umgang muß gemächlich und langsam sein, ebenso soll das Eindringen geschmeidig sein und die Stöße mit Muße vonstatten gehen – nur selten mit Hitze und stürmischer Wucht. Dadurch wird der Mann zur Zurückhaltung und Vorsicht erzogen und geht nicht das Wagnis ein, mit seinem Ungestüm zu verletzen. Da auch die Frau dann großes Vergnügen empfindet, wird der Mann keinen Schaden erleiden.«

*

Es wird überliefert, daß der GELBE HERRSCHER gesagt hat:

»Die Sache verhält sich so, daß ich mich selbst dazu zwingen möchte, Geschlechtsverkehr zu haben, doch mein Jadestengel will sich nicht aufrichten. Die Verlegenheit darüber zeigt sich in meinem Gesicht, und die Scham brütet in meinem Herzen; mein Körper ist mit Schweißperlen übersät. Da ich dann vor Verlangen und Lüsternheit bis ins Innerste erfüllt bin, habe ich schon mit meinen Händen gewaltsam nachgeholfen. Wie soll ich mich in einem solchen Fall denn richtig verhalten?

Das EINFACHE MÄDCHEN gab zur Antwort:

»Das, wonach der Herrscher fragt, ist etwas, woran jeder Mann leiden kann. Wenn ein Mann mit einer Frau geschlechtlichen Umgang zu haben wünscht, muß er wissen, daß es eine bestimmte Ordnung der Dinge gibt, an die er sich zu halten hat. Zunächst muß er um die Harmonie seiner Lebenskraft bemüht sein, dann wird sich sein Jadestengel erheben. Wer den Gesetzen der Harmonie gehorcht, wird die Reaktionen in allen seinen

Körperteilen erleben. Der Frau sind fünf Anzeichen der Lust zu eigen; der Mann sollte sich ihres Auftretens voll und ganz versichern. Durch das Auffangen des herausspritzenden Samens mit dem eigenen Mund läßt der Mann die im Samen fließende Lebenskraft zu sich zurückkehren und wieder sein Gehirn auffüllen. Auf diese Weise vermeidet er alle Einschränkungen durch die sieben Übel und fährt wohl auf den Wegen der acht Wohltaten. Wenn er sich nicht gegen die Gesetze der Harmonie wendet, vermag er seinen Körper zu schützen. Sollte auch die normale Lebenskraft des Mannes bereits erschöpft sein, so wird dadurch doch jede Krankheit vertrieben. Die Behälter der Eingeweide sind von Ruhe und Frieden erfüllt; die Haut glänzt feucht und schimmernd. Jedesmal, wenn der Mann sich dem Geschlechtsverkehr widmet, wächst die Lebenskraft bis ins Hundertfache und seine weiblichen Gegner unterwerfen sich. Wie sollte darin etwas Beschämendes liegen?«

*

Es ist überliefert, daß der Tao-Weise Liu Ching gesagt hat:

»Im allgemeinen verhält es sich so, daß der Mann, der sich mit einer Frau vereinigen will, zuerst danach streben muß, sanft mit ihr zu tändeln und sich heiter zu unterhalten, um ihre Stimmung mit der seinen in Übereinklang zu bringen und ihre Empfindungen auf ihn zu richten. Nach einer längeren Zeitspanne, die er diesem Bemühen gewidmet hat, kann er mit der eigentlichen geschlechtlichen Vereinigung beginnen. Er führt den Jadeschaft ein, und obwohl er das mit Kraft und Festigkeit tut, zieht er ihn doch gleich wieder zurück; jedes Eindringen und Zurückziehen geschieht entspannt und gemächlich. Der Mann darf seinen Samen nicht so loswerden wollen, wie man etwas aus der Höhe hinunterstürzt. Andernfalls würde er die fünf Organe aufregen, die Bahnen der Lebensenergie beschädigen und so jeglicher Krankheit Tür und Tor öffnen. Wer dagegen beim geschlechtlichen Umgang sich nicht ergießt und in einem Zeitraum von einem Tag und einer Nacht mit zehn verschiedenen Frauen Verkehr hat, ohne seinen Samen zu verlieren, der vermag alle seine Krankheiten vollständig zu heilen; jeden Tag kann er die Spanne seines Lebens verlängern.«

*

Es ist überliefert, daß der GELBE HERRSCHER folgende Frage gestellt hat:

»Was kann man tun, wenn zufällig einmal die Frau während des Geschlechtsverkehrs kein Anzeichen der Befriedigung zeigt, wenn sie überhaupt nicht erregt ist und deshalb in ihrer Jadegrotte keine Säfte der Lust strömen? Der Jadeschaft wird dann matt, klein und kraftlos.«

Darauf erwiderte das GEHEIMNISVOLLE MÄDCHEN:

»*Yin* und *Yang*, das weibliche und das männliche Element, entfalten sich nur, wenn sie sich wechselseitig beeinflussen. Wenn deshalb das weibliche Element nicht befriedigt wird, ist das männliche Element verstimmt; wird andererseits das männliche Element nicht befriedigt, vermag das weibliche Element nicht in Erregung zu geraten. Wenn der Mann Geschlechtsverkehr möchte, die Frau aber nicht danach lüstern ist, oder wenn die Frau Geschlechtsverkehr wünscht, der Mann diesen Wunsch aber nicht teilt, befinden sich beider Herzen nicht in

harmonischem Zusammenspiel, und deshalb sind beide nicht imstande, sich zu ergießen.

Wenn des weiteren die Empfindungen eines Menschen ganz unerwartet lebhaft und aufgeregt werden und überzuschwappen scheinen, oder genauso jählings in Gleichgültigkeit versinken, dann kann man die Freuden der Liebe nicht erwarten. Wenn der Mann aber nach der Frau begehrt und die Frau dasselbe Verlangen nach dem Mann spürt, dann verknüpfen sich ihre Gefühle und Absichten miteinander und zusammen verschaffen sie sich Freude in ihren Herzen.

Deshalb wird die Natur der Frau angestachelt und aufgereizt, indes der Schaft des Mannes sich aufrichtet. Der Rührkolben des Mannes beschäftigt sich mit der Maus in dem leeren Boot, worauf die Säfte reichlich strömen. Der Jadeschaft stößt schnell oder langsam, je nachdem, wie es seine Wohltat ist; die Jadepforte öffnet und schließt sich abwechselnd - einmal ist sie leer, einmal voll. Ohne Anstrengung wird der Mann jede Frau bezwingen, er saugt ihre Säfte ein, nährt sich von ihrer Lebenskraft und berieselt ihre rote Kammer. Wenn nun die neun Körperessenzen der Frau verströmen, gibt es erprobte Mittel und Wege, um den Jadeschaft auszustrecken und zurückzuziehen, mit ihm nach oben und nach unten zu schauen, sich zu beugen und zu winden. Der Herrscher sollte diese Methoden in allen Einzelheiten ausführen und darauf achten, daß er weder einen Fehltritt macht noch auch sich verirrt.«

Wie die Vereinigung einzuleiten ist

Der *Meister der Geheimnisvollen Höhle* hat gesagt: »Im allgemeinen gilt folgendes: Wenn ein Mann zum ersten Mal Geschlechtsverkehr mit einer Frau haben will, sollen sich beide zuerst hinsetzen und etwas später nebeneinander legen. Der Mann befindet sich auf der linken, die Frau auf der rechten Seite.

Sobald sie sich niedergelassen haben, bittet der Mann die Frau, sich auf den Rücken zu legen, also das Gesicht nach oben, die Beine gespreizt und die Arme ausgebreitet. Der Mann begibt sich vor sie und kniet sich zwischen ihre Schenkel.

Zuerst einmal erprobt er die Härte seines Jadeschaftes an dem Eingang ihrer Jadepforte. Wie eine vornübergeneigte Kiefer über einem tiefen Tal spielt er damit in äußerst zärtlicher Weise vor ihrer Höhle hin und her. Er küßt sie auf den Mund und saugt an ihrer Zungenspitze, oder er betrachtet ihr Jadegesicht oben und ihren goldenen Graben unten. Er kost den Leib zwischen ihrem Bauch und ihren Brüsten und streichelt die Seiten ihrer Jadeterrasse. Auf dieser Stufe sind die Gefühle des Mannes bereits wie unter einem Zauberbann, und die Gedanken der Frau sind wahrlich durcheinandergewirbelt.

Sind beide an diesem Punkt angelangt, greift er mit seinem Manneswerkzeug in jeder Richtung an; er drückt auf die Jadelippen nach unten oder stemmt sich in den goldenen Graben nach oben. Er vollführt Stöße nach unten zur linken und zur rechten Seite ihrer Jadekammer und findet Ruhe auf der rechten Flanke ihrer Jadeterrasse. Die Säfte der Frau füllen ihre Zinnoberhöhle bis zum Rand, und plötzlich wird ihre gesamte Körperessenz verströmt. Genau zu diesem Zeitpunkt wird der Jadeschaft in den Schoß versenkt, und nun, da er mitten im Kommen und Gehen ist, da er den kühnen Angriff wagt, da er vorwärts stürmt und wieder den Rückzug antritt, da er reibt und scheuert, ist die Frau unweigerlich auf dem Gipfel angelangt und fleht um Gnade. Mit Hochgenuß ergießt der Mann seinen Samen, und ihrer beider Säfte fließen zusammen; die göttlichen Felder oben und das einsame Tal unten werden zugleich bewässert.

Nachdem der Mann den Jadestengel abgetrocknet und mit einem Tuch abgewischt hat, nimmt er sein Werkzeug erneut zur Hand und versenkt es tief in die Zinnoberhöhle, bis es die Sonnenterrasse berührt. Der Jadeschaft ist jetzt hart wie ein großer Felsen, der ein tiefes Tal versperrt. Anschließend übt er die Technik der ›neun flachen Stöße und eines tiefen Stoßes‹ aus; er fährt dabei gerade nach unten und gleitet eben dahin; er rammt sich in die Mitte und rutscht wieder hinaus. Abwechselnd legt er Wert darauf, langsam zu sein oder schnell; dann wieder kommt es ihm darauf an, tief zu stoßen oder flach.

Indem der Mann sich die Zeit nimmt, in der man einundzwanzig Atemzüge tut, wartet er das Aufflammen und die Einwirkung der Lebenskraft ab; so erfährt die Frau höchst angenehme Gefühle. Danach dringt der Mann geschwind ein und führt rasche Rammstöße durch; er stößt hinein und fährt zurück, wobei er seinen Leib anhebt. Dabei achtet er auf die Erregung der Frau und paßt sich in seinen Bewegungen deren Tempo an – einmal langsam, einmal schnell. Mit anderen Worten: Mit seinem Mannesglied greift er ihre Jadelippen an, versenkt es in ihren Schoß und schabt und reibt links wie rechts. Wenn er selbst keine Schwierigkeiten hat und wenn er seinen Jadeschaft mit Sorgfalt hineinstößt und herauszieht, werden die Säfte der Frau in Überfülle strömen. Daraufhin sollte sich der Mann zurückziehen;

er darf sich nicht zu sehr schwächen, sondern sollte zum Leben zurückkehren. Ein Erguß kann wie der Tod sein und dem Mann ungemein schaden. Er muß in besonderem Maß darauf achten, daß er den Jadeschaft aus der Jadepforte zieht, solange er noch steif ist.

*

Es ist überliefert, daß der GELBE HERRSCHER fragte:

»Was hältst du von der Art und Weise, das weibliche und das männliche Element ihre Wirkungen entfalten zu lassen?«

Das EINFACHE MÄDCHEN antwortete:

»Wenn ein Mann sich anschickt, mit einer Frau Geschlechtsverkehr zu haben, veranlaßt er sie zuerst dazu, ihre Hände und Arme zu lockern, ihren ganzen Körper zu entspannen und die Beine auseinander zu spreizen. Der Mann kniet sich zwischen sie, küßt sie zärtlich auf den Mund und saugt an ihrer Zungenspitze. Er drückt seinen Jadestengel und lenkt ihn, wobei er die Ost- und die Westseite ihrer Jadepforte bestreicht. In dem Zeitraum, den ein einzelner Gang einer Mahlzeit in Anspruch nimmt, führt er seinen Jadeschaft langsam ein. Der dicke und kräftige Mann führt ihn ein und einen halben Zoll ein, der magere und schwächliche einen Zoll. Man darf ihn nicht zu hastig bewegen. Wenn man ihn langsam wieder herauszieht und ebenso wieder einführt, wird man jede Krankheit vertreiben. Bringe ihn nicht soweit, daß er nach allen vier Seiten sich ergießt. Wenn der Jadeschaft die Jadepforte durchfährt, wird andererseits jeder Mensch hitzig und steigert sein Tempo. Natürlich sollte auch der Körper der Frau sich bewegen und erregt sein; so erreicht sie durch den Mann Befriedigung. Wenn er später tief eindringt, kann jede

Krankheit des Mannes und der Frau besiegt werden. Dringt der Mann tiefer als drei und einen halben Zoll ein, dann soll er den Mund schließen, um die Erregung zu dämpfen. Er soll von eins bis neun zählen, um sich abzulenken, danach erst verstärkt er die Stöße wieder. Der Mund des Mannes sollte auch immer in Berührung mit dem Mund der Frau sein, denn so haucht sie ihm ihren Atem und damit ihre Lebensenergie ein.«

WIE DAS MÄNNLICHE ELEMENT ZU STÄRKEN IST

玉香

Es wird überliefert, daß Chung, der Meister der Harmonie, sagte:

»In dem Haus, in dem der Mann das männliche Element *Yin* hegt und pflegt, um es zu stärken, gestattet er nicht, daß die Frau insgeheim einen Einblick in diese seine Künste gewinnt. So etwas bringt nämlich nicht nur dem männlichen Element keinen Vorteil, es kann letztlich auch zu lästigen Leiden führen. Wenn man sich an das Sprichwort hält, wonach man keinem Menschen, der ein Räuber sein könnte, einen scharfen Gegenstand leihen soll, weil der dann gleich die Ärmel hochkrempelt, um auf einen loszugehen, dann ist nicht daran zu zweifeln, daß es auch zu Schwierigkeiten kommen kann, wenn man Frauen erlaubt, in die Geheimnisse der männlichen Liebeskraft einzudringen.«

Es wird auch überliefert, daß der uralte P'ENG gesagt hat:

»Wenn Männer Wert darauf legen, großer Lust teilhaftig zu werden, dann handeln sie richtig, sich an Frauen zu halten, die den Weg der geschlechtlichen Vereinigung nicht kennen. Sie sollten am besten Jungfrauen in die Kunst einführen, wie man Lust spendet, dann wird ihre Gesichtsfarbe bald wie die Gesichtsfarbe eben dieser Jungfrauen aussehen. Dem Mann tut keine Frau gut, die nicht mehr jung ist. Bekommt er aber eine, die gerade das vierzehnte oder fünfzehnte Jahr erreicht hat, wenigstens noch unter achtzehn oder neunzehn ist, dann bedeutet das für ihn eine große Wohltat, ja einen rechten Segen. Unter allen Umständen sollte die obere Grenze an Lebensjahren nicht über dreißig liegen. Und auch wer zwar noch nicht dreißig Jahre alt ist, aber bereits geboren hat, vermag dem Mann keine Lust zu spenden. Das ist der Weg, wie man dreitausend Jahre alt werden kann. Wer diesen Weg noch mit der Einnahme von

Arzneimitteln verbindet, vermag zu den Unsterblichen gezählt zu werden.«

Des weiteren heißt es:

»Wer die Methoden des Geschlechtsverkehrs befolgt und die Lebenskraft steigert, um sich ein langes Leben zu sichern, kann dies nicht nur mit einer Frau allein schaffen. Wenn jemand jedoch mit drei oder neun oder elf Frauen Geschlechtsverkehr hat, zieht er daraus großen Nutzen und Vorteil. Dann kann er sich gewiß sein, daß seine Samenflüssigkeit immer wieder zum *Oberen Großen Strom der Gehirnhöhle* zurückkehrt. Seine Haut glänzt dann glatt, sein Körper fühlt sich leicht an, seine Augen blicken klar und seine Lebenssubstanz ist voll blühender Kraft. Er ist in der Lage, alle weiblichen Gegner im Bett zu unterwerfen. Alte Männer sind dann an Jahren ebenso jung als wenn sie zwanzig wären; ja, ihre Spannkraft ist auf das Hundertfache angewachsen.«

Fener wird gesagt:

»Was das Zusammenleben mit einer Frau anbelangt, so solltest du sie sofort gegen eine andere austauschen, sobald du bemerkst, daß du dich gefühlsmäßig zu ihr hingezogen fühlst. Der Frauenwechsel kann dein Leben verlängern, wenn du aber anfängst, nur noch mit einer Frau zu schlafen, wird die geschlechtliche Erregung der Frau deutlich abnehmen - und die Wohltat für dich schrumpft in gleicher Weise.«

Es wird weiterhin überliefert, daß der *Taoist vom grünen Ochsen* gesagt hat:

»Wenn du die Frauen oft wechselst, ergeben sich daraus viele Vorteile. Vor allem ist es schön, wenn du mehr als zehn Bettgespielinnen in einer Nacht hast. Wenn du die ganze Zeit über dich mit ein und derselben Frau vereinigst, wird ihre Lebenssubstanz allmählich schwächer werden, so daß sie sich schließlich in einem

Zustand befindet, in dem sie dir keine Wohltat mehr bringen kann. Zudem wird die Frau dann an Auszehrung leiden.«

*

Aus dem Werk
Die Geheimnisse der Jadekammer

Es ist überliefert, daß der uralte P'ENG sagte:

»Die Art und Weise des geschlechtlichen Umgangs braucht nicht besonders ausgefallen zu sein. Allerdings sollte der Mann ruhig und in heiterer Stimmung sein und dadurch Harmonie verströmen. Er spielt mit der zinnoberroten Wiese im Tal der Scham; er sucht sie so tief wie möglich zu küssen, mit der Zunge vorwärts zu stoßen und sanft hin und her zu gleiten - alles, um die Geliebte zu erregen. Wenn eine Frau von einem Mann erregt wird, so läßt sich das erkennen. Ihre Ohren werden heiß, als ob sie starken Wein getrunken hätte; ihre Brüste richten sich voll Wärme auf, und wenn der Mann sie anfaßt, füllen sie seine Hände völlig aus. Ihr Kopf wendet sich hin und her, ihre Beine stoßen ziellos nach allen Seiten, ihre Lüsternheit leuchtet aus ihren Augen, und sie preßt sich wild an den Körper des Mannes. Wenn sich der Mann dann ein wenig aus ihrer Jadegrotte zurückzieht und nur hin und wieder eindringt, wird er durch seinen Jadestab neue Lebenskraft gewinnen und das weibliche Element des Yin zu seinen Gunsten nutzen. Ferner verweilen die Säfte der fünf Eingeweide vorübergehend in der Zunge. Die sogenannten *Jadeflüssigkeiten des Meisters der roten Kiefer* könnten bei dieser Gelegenheit das Bedürfnis nach den fünf Getreidesorten beseitigen, da ja der Mund einer Frau nährende Stoffe enthält. Wenn der Mann während des Geschlechtsverkehrs sich ein gewisses Quantum an Zungenflüssigkeit und Speichel einverleibt, verhilft das seinem Magen dazu, ebenso gereinigt zu werden, als ob er eine vom Arzt verschriebene Brühe getrunken hätte. Wer zuckerkrank ist, wird dadurch auf der Stelle geheilt; Blutandrang im Kopf läßt gleichfalls nach. Die Haut des Mannes gewinnt Glanz, und sein Aussehen kann sich mit dem einer Jungfrau messen. Dieser Weg ist nicht so abgelegen, daß man ihn nicht entdecken könnte, doch für gewöhnlich sind die Leute nicht in der Lage, ihn ausfindig zu machen.«

Das Wählerische Mädchen sagte dazu:

»Indem du nicht gegen die Triebe deines Körpers ankämpfst, kannst du dir ein langes Leben verschaffen. Ist das nicht eine große Freude?«

Wie das weibliche Element zu stärken ist

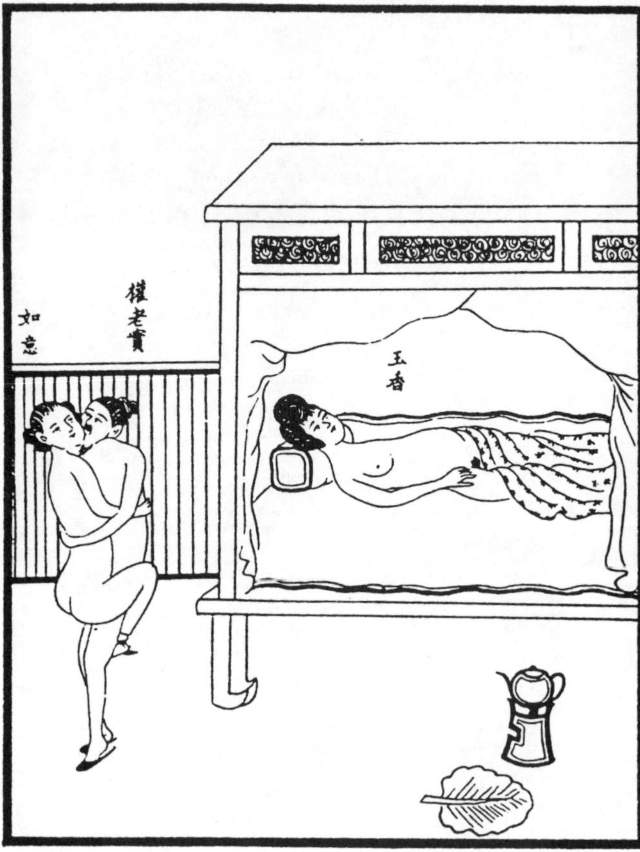
權老實
如意
玉香

Es ist überliefert, daß *Chung, der Meister der Harmonie*, gesagt hat:

»Es sollte nicht nur das männliche Element gehegt und gepflegt werden, sondern auch dem weiblichen Element sollte Stärkung zuteil werden. Die KÖNIGINMUTTER DES WESTENS hegte und pflegte das weibliche Element und beschritt so den Weg zur Unsterblichkeit. Sobald sie einmal geschlechtlichen Umgang mit einem Mann hatte, wurde der Mann unmittelbar darauf hinfällig, sie aber bekam eine Gesichtsfarbe voll schimmerndem Glanz, ohne daß sie deshalb einen Gesichtspuder benutzt hätte. Sie nährte sich nur von Milch und deren Produkten und spielte die fünfsaitige Laute so schön, daß ihr Herz voll Harmonie und ihre Gedanken voll Ruhe waren; keine anderen Verlangen plagten sie.«

Er sagte auch:

»Die KÖNIGINMUTTER DES WESTENS hatte keinen Ehemann; sie zog vielmehr den geschlechtlichen Umgang mit vielen jungen Männern vor. Wenn diese Umstände in der Welt nicht allgemein bekannt sind, so wäre es doch seltsam, wenn sie der KÖNIGINMUTTER allein bekannt gewesen sein sollten.«

Ferner führte er aus:

»Hat eine Frau geschlechtlichen Umgang mit einem Mann, sollte sie ihr Herz ruhig stimmen und ihre Gedanken sammeln. Wenn zum Beispiel ein Mann noch nicht erregt ist, sollte sie warten, bis er lüstern wird. Deshalb muß sie ihre Empfindungen insoweit beherrschen, daß sie diese mit den seinen richtig abstimmen kann. Auf jeden Fall darf sie nicht umhertanzen und sich wild gebärden, weil sonst ihre weiblichen Säfte der Lust zu schnell erschöpft würden. Sollte dies eintreten, könnte ihr Körper austrocknen und würde den Krankheiten von Wind und Kälte ungehemmt Zutritt bieten. Auch wenn sie hört, daß der Mann mit anderen Frauen verkehrt hat, sollte sie sich beherrschen und sich vor den folgenden schädlichen Dingen hüten: Eifersucht und gramvolle Miene; Erregung ihres weiblichen Elements, des *Yin*, dem sie ja ihre Lebenssubstanz verdankt; Zorn im Sitzen oder im Stehen; Ausfluß aus ihrer Jadepforte, wenn sie allein ist; Krankheiten, die sie welken und jählings altern lassen.«

Desgleichen sagte er:

»Wenn eine Frau weiß, wie sie ihr weibliches Element hegen und pflegen, wie sie die Harmonie der beiden Lebenssubstanzen bewirken kann, mag sie dies vervollkommnen, indem sie einen Sohn zur Welt bringt. Hat sie kein Kind, kann sie ihre Liebeskraft in Säfte umwandeln, die frischen Schwung in die Adern eines jeden bringen. Wenn sie das weibliche Element mittels des männlichen Elements nährt, werden eine Myriade von Krankheiten vertrieben; ihre Gesichtsfarbe wird schimmern, die Haut wird glatt und rein sein, die Jahre gehen dahin, ohne daß sich das Alter zeigt und ohne daß das jugendliche Aussehen vergeht. Wenn die Frau diesen Weg beharrlich verfolgt und beständig Verkehr mit Männern hat, wird sie selbst dann keinen Hunger verspüren, wenn sie neun Tage nichts gegessen hat. Kranke Frauen, die geschlechtlichen Umgang mit Dämonen haben, verfallen der Auszehrung, wenn sie nichts essen; verkehren sie aber mit Männern, ereilt sie die Auszehrung nicht, auch für den Fall, daß sie nichts zu sich nehmen.

Wie man beim Zeugen verfahren soll

In dem Werk *Ratschläge aus unersetzlichem Gold* sind überliefert:

Wer sich Kinder wünscht, sollte zuerst um das Verständnis der grundlegenden Bestimmungen von Ehemann und Ehefrau bemüht sein. Danach ist es sehr wichtig, die richtigen Tage auszuwählen, um den Kindern das rechte Glück zu sichern.

So müssen bei der Vereinigung des weiblichen und des männlichen Elements sieben Dinge vermieden werden, um dem Kind künftige Wohltaten zu erweisen. Zum ersten darf die Vereinigung nicht am letzten oder am ersten Tag des Monats stattfinden, wenn der Mond am Zunehmen oder voll ist. Andernfalls würde die Lebenskraft des so gezeugten Kindes beeinträchtigt und es würde Missetaten ausgesetzt sein.

Zum zweiten ist eine Vereinigung zu vermeiden, wenn Donner und Sturm herrschen. Der Einfluß von Himmel und Erde würde auf das Blut und die Adern einwirken, so daß das Kind Geschwüre bekäme.

Zum dritten ist die Vereinigung zu vermeiden, wenn einer der beiden Partner getrunken oder sich mit Essen vollgestopft hat. Im Magen herrscht dann Durcheinander und der Harn ist trübe. Ein Kind würde unweigerlich schwachsinnig werden.

Zum vierten ist die Vereinigung zu vermeiden, wenn der Mann soeben Wasser gelassen hat und die Samenkraft erschöpft ist. Der Blutstrom durch die Adern wird so verstopft, und deshalb würde ein Kind, das unter diesen Umständen gezeugt wird, unzweifelhaft frühzeitig sterben.

Zum fünften ist die Vereinigung zu vermeiden, wenn einer der beiden ermüdet ist. Die Muskeln und der Rücken schmerzen, deshalb würde auch in diesem Fall das Kind einen frühen Tod sterben.

Zum sechsten ist die Vereinigung zu vermeiden, wenn man gerade gebadet hat und die Haare und die Haut noch feucht sind. Dadurch kann Asthma ausgelöst werden, und deshalb würde ein so gezeugtes Kind unweigerlich anfällig für Krankheiten.

Zum siebten ist die Vereinigung zu vermeiden, wenn der Jadeschaft zwar gerüstet für den Streit und von Zorn erfüllt ist, in der Harnröhre jedoch schmerzhafte Beschwerden spürbar sind. Findet trotzdem eine Vereinigung statt, bekommt das Kind innere Krankheiten.

Unveränderlich bleibt die Art und Weise, wie man ein Kind zeugen soll. Reinige den Körper, laß dein Herz Einkehr in sich selbst halten, setze die Gedanken in Schwung, ordne das Gewand, gib dich der Meditation hin und enthalte dich. Drei Tage nach der Monatsblutung der Frau solltest du nach Mitternacht und noch vor dem Hahnenschrei das Liebesspiel beginnen und die Frau in Erregung versetzen. Halte dich mit deinem Jadeschaft aber zurück; beim Samenerguß solltest du nicht so weit vordringen, wie es geht. Ist es nämlich zu weit, wird die Jadegrotte durchstoßen und das Ziel des Samens nicht erreicht. Nur wenn du dich auf die Künste des Tao verläßt, um ein Kind zu zeugen, dann wird es tugendhaft, gut und langlebig sein.

Es ist auch überliefert, daß der uralte P'ENG gesagt hat:

»Um ein Kind zu zeugen, ist es nötig, die Kraft des Samens zu sammeln und zu stärken. Keinesfalls sollte der Samen in häufigen Ergüssen verschwendet werden. Nachdem die Monatsblutung der Frau vorüber ist, sollte sie sich waschen und reinigen. Hat sie dann am dritten und fünften Tag Geschlechtsverkehr, wird das Kind, das sie empfängt, begabt, klug, langlebig und erfolgreich sein, falls es ein Junge wird; rein, tugendhaft und geeignet für eine erstrangige Heirat, wenn es ein Mädchen ist.«

ANZIEHENDE FRAUEN

Es ist überliefert, daß *Chung, der Meister der Harmonie*, gesagt hat:

»Gefälligkeit und Anmut begründen die Schönheit der weiblichen Natur. Wenn nun eine Frau über eine vollkommene Figur verfügt, wenn sie ihre Unzulänglichkeiten ausgleicht und sich um eine angemessene Vereinigung mit einem Mann bemüht, wird sie nicht nur das Herz erfreuen und das Auge dazu, sondern sie wird darüber hinaus in besonderem Maße ihrem Leben Sinn verschaffen und ihre Jahre verlängern.«

Des weiteren wird ausgeführt:

»Wenn ein Mann sich mit Frauen abgeben will, sollte er sich junge aussuchen. Sie sollten nicht allzu üppige Brüste haben, jedoch gut gepolstert sein, auch sollten sie seidiges Haar und schmale Augen auszeichnen. Das Weiße und Schwarze der Augäpfel sollte klar voneinander abgehoben sein, das Gesicht und die Haut müssen weich glänzen, sowie Stimme und Sprache harmonisch klingen. Die Knochen eines jeden Gelenks der vier Glieder sollten von schwellendem Fleisch und verhüllt sein und auch nicht zu kräftig. Haare um ihre Jadepforte und in ihren Achselhöhlen sind nicht wünschenswert; wenn am Körper doch einmal Behaarung vorkommt, dann sollte sie dünn und weich sein.«

Es ist überliefert, daß der GELBE HERRSCHER fragte:

»Wie würdest du die Frau beschreiben, die allen Ansprüchen genügt?«

Darauf erwiderte das EINFACHE MÄDCHEN:

»Die Frau, die allen Ansprüchen genügt, ist von Natur aus gefällig und anpassungsfähig. Ihre Stimme ist gedämpft, und ihr seidiges Haar ist schwarz. Sie hat eine feine Haut, zarte Glieder und ist weder groß noch klein, weder dick noch dürr. Der Spalt zwischen ihren Schenkeln liegt hoch, die Umgebung ihrer Jadepforte ist mit keinem Haar bewachsen und die Säfte strömen reichlich daraus hervor. Sie sollte am besten zwischen fünfundzwanzig und dreißig Jahre alt sein und noch keine Kinder geboren haben. Während des Geschlechtsverkehrs strömt ihre Jadegrotte von Feuchtigkeit über und ihr Körper befindet sich in angemessener Bewegung. Sie vermag sich dann nicht mehr zu beherrschen; der Schweiß fließt ihr aus allen Poren und sie hat denselben Rhythmus wie der Mann. Selbst wenn der Mann noch unerfahren ist, würde er sich doch nicht schaden, wenn er solch eine Frau bekommt.«

Fernerhin wird als wünschenswert dargelegt:

»Schlanke Glieder, feine Muskeln, weiches Fleisch, zierliche Gestalt, reine weiße und blasse Haut, schmale und mit Grübchen versehene Fingergelenke, hochstehende Ohren und Augen, weder lang noch kurz gewachsen. Volle Schenkel, eine hochgezogene Jadespalte und ein durch und durch wohlgerundeter Körper. Des weiteren hat sie keine Körperbehaarung; ihr Körper ist so glatt wie Seide und die Umgebung ihrer Jadepforte so glatt wie Öl. Wenn du die Vereinigung mit solch einer Frau vollziehst, wirst du in keiner Nacht müde; als ihr Ehemann wirst du infolgedessen vieler Wohltaten teilhaftig. Wenn du von ihr Kinder bekommst, werden sie edel und mutig werden.«

Des weiteren heißt es:

»Ein Mann von Rang und eine Frau von Bedeutung legen Wert darauf, glattes Fleisch und zierliche Glieder zu zeigen, auch konzentrieren sie sich darauf, eine sanfte Wesensart an den Tag zu legen. Sie wollen Haar haben, das wie Lack glänzt, dazu angenehme und schöne Gesichtszüge sowie keine Behaarung nahe der Liebeswerkzeuge.

Beim Sprechen soll die Stimme der Frau schön klingen; die obere Ecke ihres Jadespalts muß nach vorn zeigen. Wenn du mit solchen Frauen schläfst, wirst du niemals müde werden. Bedeuten dir Frauen dieser Art etwas, dann vermagst du dein männliches Element zu kräftigen und deine Jahre zu verlängern.«

ABSTOSSENDE FRAUEN

Die Erscheinung der abstoßenden Frau läßt sich folgendermaßen beschreiben: Zerzaustes Haar, pockennarbiges Gesicht, langer Hals, ein Adamsapfel, schwärzliche Zähne, tiefe Stimme, ein großer Mund, lange Nase, trübe Pupillen, lange Borsten an Mund und Kinn, der Anflug eines Barts. Ihre Knochen und ihre Gelenke sind wuchtig und groß, sie hat gelbliche Haare und schrumplige Haut; die Haare um ihre Grotte sind lang und dicht und meistens wachsen sie nach innen. Wenn du mit ihr Geschlechtsverkehr hast, wird sie dir jedesmal Schaden zufügen.

Des weiteren wird ausgeführt:

Die Haut der Frau ist rauh, ihr Körper ist hager, ohne daß etwas dagegen getan werden kann; ihr ständiges Liebäugeln mit dem Unerreichbaren und ihr ebensolches Haftenbleiben am Niederen läßt sich nicht in den Griff bekommen. Sie hat eine Männerstimme, ist aufgeregt und unbeherrscht; nicht zum Verschwinden zu bringen sind die Haare auf ihren Schenkeln und Schienbeinen. Nichts vermag auch getan zu werden gegen ihre Eifersucht, die Kälte ihrer Geschlechtsorgane, ihre unheilverheißende Voreiligkeit, ihre Übersättigung mit Speisen und den Umstand, daß sie über vierzig Jahre alt ist. Desgleichen kann man nichts gegen den kränklichen Zustand ihrer inneren Organe tun. Ihr Körper ist stets kalt und ihre Knochen hart; sie weist überall gekräuselte Haare auf und hat einen Adamsapfel, riecht unangenehm aus ihren Achselhöhlen und erzeugt übelriechende Säfte.

In der *Schrift der großen Reinheit* wird erklärt:

Der richtige Weg, um eine Frau einzuschätzen, besteht darin, das Haar um ihre Jadespalte genau zu untersuchen, ebenso das in den Achselhöhlen. Man sollte sie veranlassen, gefügig und von anschmiegsamer Zärtlichkeit zu sein. Wenn sie aber im Gegenteil Gefallen an unsauberen Dingen findet, Haare auf den Armen hat und überhaupt grob und ungeschlacht ist, wird der Geschlechtsverkehr mit einer derartigen Frau den Mann jedesmal schädigen. Auch wenn der Mann sich nur einmal mit ihr vereinigt, wird es dieselbe Auswirkung haben, als hätte er es hundertmal getan.

Ferner heißt es:

Wenn die Geschlechtsorgane der Frau männlich geformt sind und wenn ihre Lust mit dem Zunehmen und Abnehmen des Mondes zusammenhängt - auch dies ein Beweis ihrer Männlichkeit -, wird der Geschlechtsverkehr den Mann sehr ernsthaft schädigen. Ist die Frau außerdem rothaarig, pockennarbig, hager, kränklich und ohne Schwung, bringt der geschlechtliche Umgang mit ihr keinen Nutzen.

WIE FRAUEN SICH VON LÜSTERNEN DÄMONEN BEFREIEN

Es ist überliefert, daß das WÄHLERISCHE MÄDCHEN fragte:

»Wie vermag es dazu zu kommen, daß jemand die Gefahr auf sich nimmt, mit Dämonen Geschlechtsverkehr zu haben?«

Darauf erwiderte der uralte P'ENG:

»Das rührt daher, daß jemand zu wenig geschlechtlichen Umgang hat und deshalb seine Wünsche nach Vereinigung mehr und mehr steigert. Die Dämonen können menschliche Gestalt annehmen und mit solchen Personen Geschlechtsverkehr pflegen. Da diese Art und Weise des Geschlechtsverkehrs derjenigen der Menschen überlegen ist, vor allem, wenn man sie über längere Zeit hinweg ausübt, wird der menschliche Partner behext, er verheimlicht diesen Umgang und will anderen nichts darüber mitteilen. Deswegen stirbt diese Person, ohne daß jemand die Sache jemals gemerkt hätte.

Ist ein Mann von dieser Krankheit befallen, dann gibt es die Möglichkeit, ihn davon zu heilen, indem man eine Frau dazu veranlaßt, mit ihm Umgang zu pflegen, ohne daß er seinen Samen ergießt. Wird unabhängig, bei Tag und Nacht Geschlechtsverkehr ausgeübt, dann wird derjenige, der erkrankt ist, unweigerlich innerhalb einer Woche geheilt. Wenn der Mann seiner Lust nachgeben will und die Herrschaft über den Samen zu verlieren droht, sollte er seinen Jadeschaft ganz unten pressen und sich nicht bewegen. Das hilft gewöhnlich. Wenn aber keine Heilung gelingt, ist der betreffende Mensch in wenigen Jahren tot.

Wer die Wahrheit des Gesagten überprüfen möchte, der suche im Frühling und im Herbst ein Gebiet auf, das zwischen großen Sümpfen und niederen Bergen sich erstreckt. Er soll nichts sagen und nichts tun, aber weit umherblicken und seine Gedanken sammeln, die ganz auf den Geschlechtsverkehr gerichtet sein müssen. Nach Ablauf von drei Tagen und drei Nächten wird sein Körper von Hitze und Kälte geschüttelt werden, sein Herz wird voll Kummer sein, seine Augen werden trüb blicken – und der Mann wird Frauen sehen und die Frau Männer. Haben die Betreffenden dann Geschlechtsverkehr mit diesen Phantomen, wird die Lust, die sie genießen, weit größer sein als die der Menschen. Das wird jedoch unweigerlich dazu führen, daß man krank wird; eine Heilung wird nicht leicht sein. Es entstehen Gefühle der Reue, die nicht mehr einzugrenzen sind; tiefe Scham wegen solcher Absonderlichkeiten sucht einen heim.

Wenn vornehme Jungfrauen und Frauen erkrankt sind, weil sie keinen Geschlechtsverkehr mit Männern haben, so läßt sich dies auf die folgende Weise kurieren: Verbrenne verschiedene Unzen Schwefel und räuchere den Körper der Frau unterhalb der Jadepforte damit. Wenn sie zu derselben Zeit einen flachgestrichenen Teelöffel mit pulverisiertem Rinderhorn einnimmt, dann wird sie sofort geheilt. Man sollte den Dämon aufheulen und entschwinden sehen. Wenn andererseits du selbst einen flachgestrichenen Teelöffel mit Rinderhorn dreimal täglich zu dir nimmst, wirst du die notwendige Kraft erlangen, um den Dämon zu erledigen.

DER JADEWEG DER HEILENDEN HARMONIE

WIE DIE FOLGEN FALSCHER LIEBESKUNST GEHEILT WERDEN

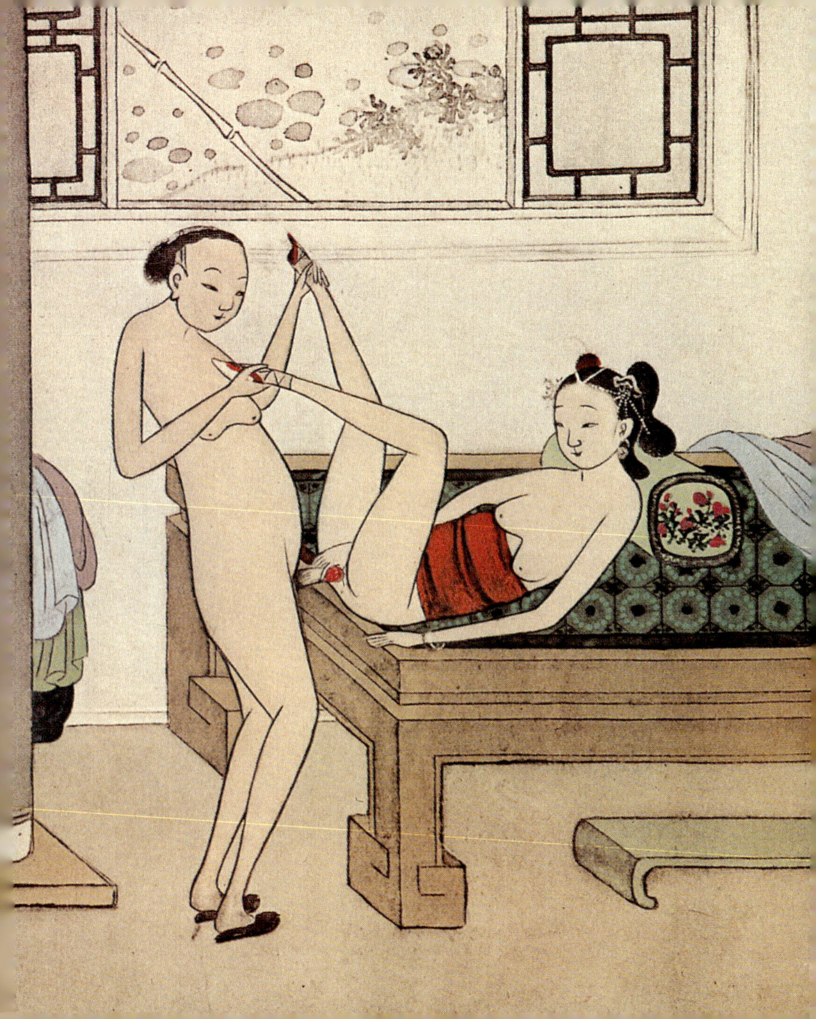

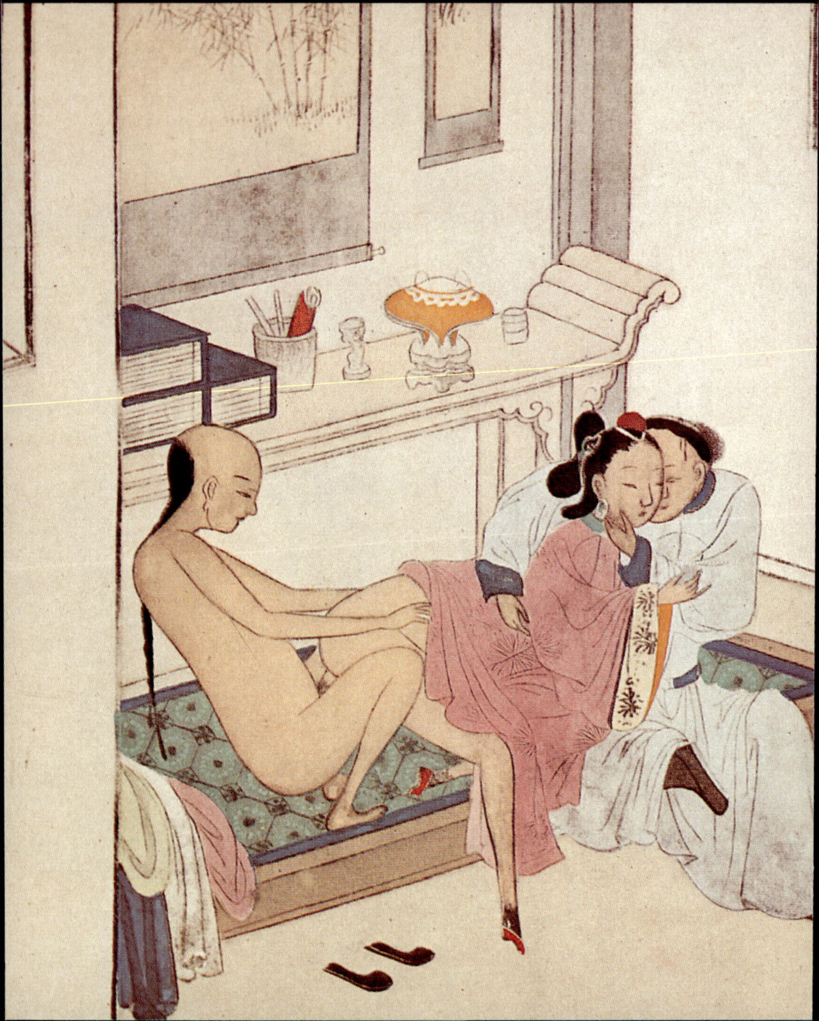

Es ist überliefert, daß der *Meister der Uranfänglichen Harmonie* gesagt hat:

»Wer sich übertriebenen Empfindungen ganz nach Lust und Laune hingibt, der ruft ernsthafte Erkrankungen hervor. Das läßt sich besonders anschaulich zeigen an den Erfahrungen beim Geschlechtsverkehr. Da der Mensch auf diese Weise krank werden kann, läßt er sich auf diese Weise auch heilen.«

Es heißt ferner, daß das WÄHLERISCHE MÄDCHEN fragte:

»Welche Anzeichen gibt es dafür, daß der Mann aufblüht und verfällt?«

Der uralte P'ENG gab zur Antwort:

»Wenn das männliche Element aufblüht, dann sollte der Jadeschaft heiß sein und der Samen dick.«

Des weiteren wird gesagt:

»Wenn du während des Geschlechtsverkehrs die Augen öffnest, um den Körper des anderen zu betrachten, oder wenn du nachts ein Feuer entzündest und in einem Buch liest, dann wirst du an einer Verschlechterung deiner Sehkraft erkranken und Erblindung wird dich bedrohen. Heilung ist aber möglich, wenn du nachts den Geschlechtsverkehr mit geschlossenen Augen ausführst.

Wenn ein Paar sich vereinigt, während beide auf der Seite liegen, sich ansehen und mit den Händen die Hüften des anderen umfassen, kann es geschehen, daß der Mann vor Schmerzen in der Rippengegend befallen wird. Geheilt wird diese Krankheit, indem die beiden sich langgestreckt hinlegen und sich gemächlich miteinander vereinigen.

Wenn du Geschlechtsverkehr hast, nachdem du zu viel gegessen hast, wirst du von Entzündungen heimgesucht. Der Körper ist voll von Blähungen; sie scheinen die Rippen nahezu herauszudrücken und die Brust zu sprengen. Du verlierst den Appetit, im Magen rumort es fürchterlich, und von Zeit zu Zeit scheidest du grünen und gelben Schleim aus. Es kann Blut aus der Nase treten, heftige Stiche machen sich zwischen den Rippen bemerkbar und häßliche Ausschläge entwickeln sich im Gesicht. Um das wieder in Ordnung zu bringen ist es nötig, nach Mitternacht und kurz vor der Morgendämmerung die Vereinigung mit der Frau zu vollziehen.

Wenn du Geschlechtsverkehr hast, nachdem du zu viel getrunken hast, wirst du von gelben und schwarzen Geschwüren befallen. Bewegst du dich, dann merkst du, daß in deinem Unterleib ein Gefühl ist, als sei dein Hodensack mit Wasser gefüllt. Im schlimmsten Fall spuckst du Blut. Um diesem Übel beizukommen, mußt du dich mit der Frau zur Zeit der Morgendämmerung vereinigen und dabei völlig den Körper entspannen.

Wenn du kein Wasser gelassen hast, obwohl du es hättest tun sollen, sondern statt dessen dich dem Geschlechtsverkehr hingegeben hast, dann kannst du davon Harntröpfeln bekommen. Um das zu heilen, mußt du zuerst Wasser lassen, dich dann hinlegen und dich mit der Frau vereinigen; das soll aber sehr gemächlich geschehen.

Wenn du deinen Darm hättest entleeren sollen, es aber nicht getan, sondern statt dessen Geschlechtsverkehr ausgeübt hast, dann werden gewiß Hämorrhoiden die Folgen sein. Das kann sehr peinigend werden, und um das zu heilen mußt du beim Hahnenschrei aufstehen und auf die Toilette gehen. Lege dich danach wieder zu deiner Frau und beginne sehr vorsichtig mit dem Hineinstoßen und wieder zurückziehen; so wirst du gesund.«

Wie man Arzneimittel im Schlafzimmer verwendet

Es ist überliefert, daß das WÄHLERISCHE MÄDCHEN sagte:

»Viel ist über die Angelegenheiten gesprochen worden, die mit dem Geschlechtsverkehr zu tun haben. Nun möchte ich fragen, inwieweit man Arzneimittel einnehmen soll; welche Wirkung kann man durch sie erzielen?«

Der uralte P'ENG antwortete:

»Es gibt nichts besseres als das Hirschhorn, um einen Mann kräftig und unbeeinflußt vom Alter sein zu lassen; er ermüdet so weder im Schlafzimmer noch läßt seine Energie in anderen Bereichen nach oder gar seine gesunde Gesichtsfarbe. Man nehme dazu das Horn eines Rentiers, verarbeite es zu Pulver und vermenge zehn Unzen davon mit einer großen rohen Süßholzwurzel. Das wirkt sich sehr wohltuend auf jeden aus, der dreimal täglich einen flachgestrichenen Teelöffel davon einnimmt. Man sollte auch ein Hirschhorn erhitzen, bis es leicht gelblich wird, und es dann pulverisiert einnehmen. Dies trägt dazu bei, daß ein Mann nicht altert. Wem die Wirkung zu langsam eintritt, der mag eine Süßholzwurzel beifügen; hat er dieses Mittel zwanzig Tage lang eingenommen, wird er der eindrucksvollen Wirkung durchaus gewahr.«

Des weiteren wird gesagt:

»Das folgende Rezept ist zur Behebung der Impotenz gedacht – wenn sich der Jadeschaft erhebt, aber nicht anschwillt; wenn er anschwillt, aber nicht an Länge zunimmt; wenn er an Länge zunimmt, aber nicht heiß wird; wenn er heiß wird, aber nicht steif; wenn er steif wird, dies aber nicht anhält.

Man nehme Champignons, zermahlene Tropfsteine, Petersilie als ›Willensverstärker‹, Sumpfpflanzen, Jamswurzel und das weiche Mark der Geweihsprossen des Hirsches. Von dieser Mischung verleibt man sich zweimal täglich eine Drei-Unzen-Dosis zusammen mit Reiswein ein. Wer im Schlafzimmer besonders lüstern sein will, der verdoppele die Petersilienmenge, wer größerer Steifheit bedarf, verdoppele den ›Willensverstärker‹; wer mehr an Größe wünscht, verdoppele das weiche Mark der Hirschweihsprosse; wer einen Überfluß an Samen möchte, verdoppele den Tropfsteinanteil.«

Es wird auch überliefert:

Um dem Mann zu gestatten in gesunder Weise mehr als zehnmal in einer Nacht die Vereinigung auszuführen, und dies ohne Pause, nehme man folgende Bestandteile: Petersilie als den »Willensverstärker«, Sumpfpflanzen und Champignons. Die vier Ingredientien sollten jeweils dieselbe Menge haben; aus ihnen wird ein Pulver bereitet. Dreimal täglich ist ein gestrichener Teelöffel voll einzunehmen. Der Fürst Ts'ao hat sich an dieses Arzneimittel gehalten und infolgedessen in einer einzigen Nacht Geschlechtsverkehr mit siebzig Frauen gehabt.

Was alles untersagt ist

Es ist überliefert, daß der uralte P'ENG gesagt hat:

»Du mußt die Extreme der Kälte, der Hitze, des Windes und des Regens, die Verfinsterung von Sonne und Mond, den Donner und den Blitz meiden. Das sind die Verbote des Himmels. Die Verbote der Menschen sind diese: betrunken oder vollgegessen zu sein, freudetrunken oder wütend, gramgebeugt oder betrübt, furchtsam oder vertrauensselig. Die Verbote der Erde gelten an Orten wie den Bergen und Flüssen, wo die göttlichen Geister ihre Wohnstatt haben, den Altären der Acker- und Korngötter, den Quellen und Küchenherden. Wer alle diese Verbote verletzt, wird erkranken, und seine Kinder werden bestimmt ein kurzes Leben haben.«

Es ist auch überliefert, daß der GELBE HERRSCHER den edlen Ch'i fragte:

»Warum ist es möglich, daß Männer und Frauen gemeinsam krank werden?«

Der edle Ch'i gab zur Antwort:

»Das ist deshalb der Fall, weil sie sich miteinander vereinigen, ohne das Anwachsen und das Abnehmen des Mondes und das Dunkelwerden und Hellwerden der Sonne zu beachten; sie erkennen die sie betreffenden Verbote nicht. Darum werden sie zusammen krank.

Niemand sollte am vierten und am sechsten Tag des Mondlaufs Geschlechtsverkehr haben, weil sonst die Geschwüre aufbrechen. Auch am neunten und am fünfzehnten Tag des Mondlaufs sollte man vom Geschlechtsverkehr Abstand nehmen, da die Frau sonst von einer Blähungskolik heimgesucht wird. Vor allem ist jede Vereinigung verboten am dreißigsten Tag, wenn der Mond vollständig verschwunden ist; das ist von großer Wichtigkeit.

Medizinische Ratschläge anlässlich der Entjungferung

In dem Werk *Die auf Erfahrung beruhenden Rezepte* wird überliefert:

Es gibt heilsame Mittel für junge Mädchen, falls Schwierigkeiten auftreten, wenn sie zum ersten Mal Geschlechtsverkehr haben, wenn sie mit einem allzu stark gebauten Mann in Berührung kommen, wenn sie von anderen Dingen verletzt werden oder wenn sie an einem unaufhörlichen Blutfluß leiden. Man muß ausgerupftes Haar zusammen mit indigofarbener Kleidung – beziehungsweise dem einen oder anderen Stück davon – verbrennen und aus der Asche ein Pulver herstellen. Trägt man dieses Pulver auf, tritt eine unmittelbare Besserung ein.

In dem Werk *Ratschläge aus unbezahlbarem Gold* wird überliefert:

Es erhebt sich die Frage, wie man die Schmerzen, die infolge einer zu engen Jadepforte bei einer frischverheirateten Frau in der Hochzeitsnacht auftreten können, zu lindern vermag. Man verbrennt zwei Schalen vom schwarzen Tintenfisch zu einem feinen Pulver; davon nimmt man drei flachgestrichene Teelöffel voll zusammen mit Reiswein dreimal am Tag ein.

Ein anderes Rezept besagt:

Man nehme fünf Unzen Ysop, koche sie in dreimal einem halben Liter Reiswein und wiederhole dies nach dem Erkalten nochmals. Dann entferne man den Bodensatz und teile das, was verblieben ist, in drei Teile.

Weiter wird überliefert:

Eine heilsame Vorschrift betrifft die Frau, die tagelang eine unaufhörliche Pein erleidet, nachdem sie zum ersten Mal Geschlechtsverkehr gehabt hat. Das Mittel besteht aus zwei Teilen Süßholzwurzel, zwei Teilen krautartiger Pfingstrosen, drei Teilen rohen Ingwers und zehn Teilen Zinnober. Man koche diese Bestandteile in dreimal einem halben Liter Wasser, wiederhole den Kochvorgang dreimal und trinke den Sud auf einmal aus.

Medizinische Ratschläge für verheiratete Frauen

In dem Werk *Die auf Erfahrung beruhenden Rezepte* wird überliefert:

Hat die Frau infolge übertriebenen Geschlechtsverkehrs durch ihren Mann Schäden erlitten und ist sie durch Schwellungen im Innern der Jadegrotte und durch Schmerzen in Mitleidenschaft gezogen, sei ihr folgendes Rezept ans Herz gelegt:

Man nehme die weiße Rinde von der Wurzel des Maulbeerbaumes, von der man eine halbe Unze zerschneidet, dazu eine Unze getrockneten Ingwer, eine Unze Zinnoberrinde und zwanzig Datteln. Dies alles kocht man in einem Topf mit Reiswein und wiederholt den Kochvorgang dreimal; trinken muß man einen halben Liter davon. Dabei sollte man aufpassen, daß man nicht ins Schwitzen gerät oder dem Wind ausgesetzt ist. Anstelle des Weines mag man gekochtes Wasser benutzen.

Weiter steht dort:

Wenn eine Frau Schaden seitens des Mannes genommen hat und ihre vier Glieder wie schwere Gewichte geworden sind, wenn sie außerdem an Atemlosigkeit und an Kopfschmerzen leidet, sei ihr als Heilmittel folgendes empfohlen:

Man nehme acht Unzen vom frischen Fingerhut, fünf Unzen von krautartigen Pfingstrosen, einen halben Liter fermentierte schwarze Bohnen, einen halben Liter geschnittene weiße Zwiebeln, vier Unzen frischen Ingwer und zwei Unzen getrocknete Süßholzwurzeln. Dies alles schneide man klein und koche es in siebenmal einem halben Liter Wasser; dann nehme man die dreimal halben Liter, die nach weiterem Kochen übriggeblieben sind, und teile sie in drei Portionen. Ergibt sich nach dem Genuß dieser Medizin noch keine Änderung zum Besseren im Befinden, wiederhole man die Prozedur noch einmal.

*

In dem Werk *Ratschläge aus unbezahlbarem Gold* wird überliefert:

Es gibt ein Heilmittel, falls während des Geschlechtsverkehrs auf einmal unerträgliche Schmerzen auftreten sollten. Die Medizin besteht aus sechs Teilen bitterem Wurzelstock, vier Teilen Ysop und vier Teilen Süßholzwurzel. Diese drei Substanzen werden in viermal einem halben Liter Wasser gekocht; die Frau nimmt die zwei halben Liter, die nach weiterem Kochen übriggeblieben sind, und wäscht sich mit dieser Mixtur viermal täglich.

*

In dem Werk *Die Rezepte der Unsterblichen* wird überliefert:

Wenn die Frau während der Vereinigung mit dcm Mann unvermutet blutet, sei folgendes angeraten:

Man nehme zwei Teile Zinnoberrinde und drei Teile Drachenleber, worunter man die purpurfarbene Ascheschicht auf dem Boden alter Küchentöpfe versteht. Davon nimmt man einen flachgestrichenen Teelöffel voll in Reiswein zu sich, und zwar dreimal täglich.

Wie der Samen zurückgehalten wird

Es ist überliefert, daß das WÄHLERISCHE MÄDCHEN sagte:

»Wenn sich Mann und Frau miteinander verbinden, pflegt man den Erguß des Samens als großen Genuß anzusehen. Wenn sich aber nun ein Mann dagegen sperrt und sich nicht ergießt, welches Vergnügen könnte dann noch zu gewärtigen sein?«

Der uralte P'ENG erwiderte:

»Nachdem der Samen ergossen ist, verspürt der Körper schwere Müdigkeit, die Ohren schmerzen und sind ganz taub, die Augen brennen und fallen vor Schläfrigkeit beinahe zu. Die Kehle ist völlig ausgetrok-knet und die Glieder sind erlahmt. Obschon man sich wieder erholt, gilt das doch nur für eine kurze Weile; die Freuden enden jedenfalls damit, daß man unbefriedigt ist. Wenn aber nun einer nur Stöße verteilt, ohne zu ergießen, steigern sich Lebenskraft und Schwung aufs äußerste, den Körper durchströmt ein Wohlgefühl und die Ohren und Augen werden geschärft. Während man sich der Ruhe und dem Frieden widmet, kann man erneut den Grund für das legen, wes man in seinem Herzen liebt. Da es doch stets unbefriedigend ist, das eigene Verlangen durch Samenerguß zu stillen, wie könnte da solch ein Nichtergießen etwas anderes als ein köstlicher Genuß sein?«

Es ist des weiteren überliefert, daß der GELBE HERRSCHER gesagt hat:

»Ich möchte gern erfahren, was es bewirkt, wenn man Stöße austeilt, aber nicht ergießt.«

Das EINFACHE MÄDCHEN erwiderte:

»Wenn du stößt, aber nicht ergießt, dann werden deine Lebenskraft und deine Energie noch zunehmen.

Wenn ein Mann ein zweites Mal Geschlechtsverkehr ausübt, dann werden Gehör und Sehkraft besser werden.

Stößt er ein drittes Mal, ohne zu ergießen, werden alle Krankheiten sich von ihm fernhalten.

Übt er den Geschlechtsverkehr ein viertes Mal auf diese Weise aus, strömt Frieden und Ruhe in alle seine fünf inneren Organe, in Leber, Herz, Milz, Lungen und Nieren.

Vollzieht er solcherart ein fünftes Mal die Arbeit seines Jadestengels, wird das Blut lebhafter durch seine Adern fließen.

Tut er es zum sechsten Mmal auf die richtige Art, werden seine Taille und sein Rücken an Festigkeit gewinnen.

Beim siebten Stoßen ohne Erguß werden seine Gesäßbacken und seine Schenkel ganz erheblich ihre Kraft verstärken.

Bei der achten Ausübung fängt der Körper an zu glänzen.

Wird beim neunten Mal immer noch der Samen zurückgehalten, ist dir die Langlebigkeit sicher.

Wenn einer zum zehnten Mmal stößt, ohne zu ergießen, wird er als Unsterblicher mit den Göttern sprechen.

Ja, es ist so: Jene Männer, die an einem Tag mehrere dutzend Mal den Geschlechtsverkehr vollziehen können, ohne ihren Samen einzubüßen, werden aller Krankheiten los und ledig. Mit jedem Tag, der so vergeht, nimmt ihre Langlebigkeit zu. Wer dabei oftmals die Frau wechselt, wird einer größeren Zahl von Wohltaten teilhaftig als andere. Am besten ist es, sich in einer Nacht mit mehr als zehn Frauen zu vereinigen.«

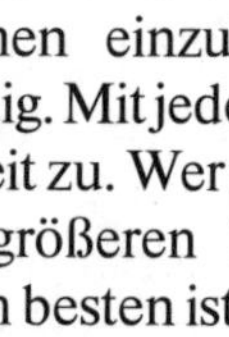

In dem Werk *Die klassische Schrift der Unsterblichen* wird ausgeführt:

Folgendermaßen ist der Weg beschaffen, den Samen zurückzuhalten und so das Gehirn zu stärken: Wenn der Mann im Laufe des Geschlechtsverkehrs spürt, daß er kurz vor dem Ergießen steht, preßt er rasch und entschlossen den Zeige- und den Mittelfinger der linken Hand auf die Stelle seines Körpers, die sich zwischen dem Hodensack und dem After befindet. Während er das tut, holt er tief Luft und knirscht mit seinen Zähnen mehrere dutzend Mmal, um keine Energie zu verlieren. Auf diese Weise wird der Samen zwar in Bewegung versetzt, aber noch nicht ausgestoßen; er steigt vielmehr vom Jadeschaft aufwärts und dringt ins Gehirn. Der unsterbliche Lü hat uns diese Methode überliefert; er ließ die anderen Unsterblichen Blut trinken und dabei schwören, daß sie dieses Geheimnis nicht in unrichtiger Weise weitergeben würden, weil sonst weniger wissende Menschen argen Schaden erleiden könnten.

Desweiteren wird gesagt:

Wenn du Wert darauf legst, vieler Wohltaten teilhaftig zu werden, während du mit einer Frau schläfst, dein Samen aber an Menge zunimmt und hervorzuspritzen droht, mußt du geschwind deinen Kopf heben, deine Augen weit aufreißen und nach links und nach rechts, nach oben und unten blicken und umherschauen. Zudem mußt du den unteren Teil deines Unterleibs anspannen und damit deine Lebenskraft verschließen – so wird der Samen wie von selbst zurückgehalten. Diese Lehre darf nicht irrtümlich ausgelegt werden. Wer nur zweimal im Monat oder vierundzwanzigmal im Jahr seinen Samen ergießen kann, wird ein- oder zweihundert Jahre leben und dabei schön aussehen und keine Erkrankungen haben.«

In dem Werk *Ratschläge aus unbezahlbarem Gold* wird überliefert:

Früher einmal, zu Anfang der Chen-kuan-Ära, kam ein alter Bauer - er war schon über siebzig - zu mir und fragte mich um Rat. Er sagte: »Seit kurzem ist mein männliches Element im Verlauf von mehreren Zehn-Tage-Spannen immer kräftiger aufgeblüht. Nicht nur des Nachts, sondern auch während des Tages will ich mein Frühlingsding arbeiten lassen; jedesmal, wenn ich meine Frau beschlafe, erreiche ich den Höhepunkt, ohne mir bewußt zu werden, daß ich bereits alt bin. Mir ist nicht klar, ob diese Sache gut für mich ist oder schlecht.«

Ich erwiderte ihm:

»Das ist eine ganz unglückselige Angelegenheit. Bist

du denn der einzige, der noch nicht gehört hat, was mit einer Öllampe geschieht? Bevor das Öl vollständig verbrannt ist, wird das Licht der Lampe zuerst dunkler und leuchtet dann noch einmal stärker auf; plötzlich aber erlischt es. Deine Jahre gleichen den Strahlen der sinkenden Sonne, wie sie auf die Bäume fallen; wahrscheinlich hast du deinen Samen, der für lange reichen sollte, nun verbraucht. Indem du plötzlich deinen Frühlingsempfindungen Raum gelassen hast, ist das ewige Gesetz verletzt worden. Deshalb mache ich mir wegen dir Sorgen. Ich kann dir nur raten, dich in acht zu nehmen.« Vierzig Tage später erkrankte der Mann und starb - eine Folge davon, daß er seine geschlechtliche Betätigung nicht besser im Griff gehabt hatte. Wenn deshalb jemand geschickt genug ist, seine Lebenskraft zu nähren, indem er geschlechtlich emsig tätig ist, dann wird er auch wissen, daß er stets bestrebt sein muß, den Samen zurückzuhalten. Man kann nicht tun, wie es einem gerade gefällt, sonst verschwendet man den Samen und fügt sich selbst Schaden zu. Ist ein Mann in der Lage, sich zurückzuhalten und nicht zu ergießen, dann wird er dieses eine Mal das Öl seiner menschlichen Lampe in ganz erheblichem Ausmaß vermehren. Wenn er sich nicht zurückhalten kann, sondern seinen Empfindungen nachgibt und ergießt, wird er, sobald die Flamme der Lampe auszulöschen droht, das Öl verbraucht haben. Dagegen muß man sich also unbedingt vorsehen.

Über den Samenerguss

Es ist überliefert, daß der GELBE HERRSCHER das EINFACHE MÄDCHEN fragte:

»Der richtige Weg besteht darin, sich Samen zu wünschen, nicht darin, ihn zu verlieren; mit dieser Flüssigkeit sollte also sparsam umgegangen werden. Wenn jemand ein Kind zu zeugen wünscht, wie soll er es da mit dem Samenverlust halten?«

Das EINFACHE MÄDCHEN erwiderte:

»Es gibt starke und schwache Männer, alte und in ihrer Jugendblüte stehende. Jeder von ihnen sollte in Einklang mit seiner Lebenskraft sein und nicht mit Gewalt nach Genuß streben. Gewaltsames Streben nach Genuß richtet Schaden an. Deshalb kann ein blühender junger Mann von fünfzehn Jahren zweimal am Tag ergießen; ein hagerer Mann kann einmal täglich einen Erguß haben. Ein Zwanzigjähriger kann ebenfalls zweimal am Tag ergießen, jedoch nur einmal, falls er dürr ist. Ein Dreißigjähriger kann einmal am Tag den Samen ausstoßen, oder einmal an jedem zweiten Tag, wenn er körperlich schwächlichist. Ist ein Man vierzig und bei guter Verfassung, ergießt er jeden dritten Tag; oder einmal in vier Tagen, sollte er schwächlich sein. Ein gesunder Mann mit fünfzig kann einmal in fünf Tagen ergießen - oder einmal in zehn, wenn er in schlechter Verfassung ist. Ein Sechzigjähriger bei guter Gesundheit ergießt einmal in zehn Tagen, doch nur einmal in zwanzig Tagen, falls er anfällig ist. Ein Siebzigjähriger, dem es gut geht, kann einmal in dreißig Tagen ergießen, aber überhaupt nicht, wenn es ihm schlecht geht.«

In dem Werk *Zusammenfassung der Grundlehren über die Stärkung des Lebens* ist überliefert, daß der Tao-Gelehrte Liu Ching sagte:

»Man sollte den Samen im Frühling einmal in drei Tagen ergießen, im Sommer und Herbst zweimal im Monat. Im Winter sollte der Samen zurückgehalten werden. Es ist die Art und Weise des Himmels, das männliche Element im Winter zu horten. Der Mensch sollte sich nach diesem Vorbild richten; dadurch erwirbt er sich ein langes Leben. Ein Erguß im Winter kommt hundert Ergüssen im Frühling gleich.«

In dem Werk *Ratschläge aus unbezahlbarem Gold* wird folgendes überliefert:

Es ist die Meinung des EINFACHEN MÄDCHENS, daß die Männer, die zwanzig Jahre alt sind, einmal alle vier Tage ihren Samen ergießen; die Männer, die dreißig sind, tun dies einmal alle acht Tage; Männer mit vierzig ergießen sich einmal alle sechzehn Tage; Männer mit fünfzig einmal alle einundzwanzig Tage. Männer, die bereits sechzig sind, halten ihren Samen vollständig zurück und ergießen sich überhaupt nicht mehr. Wenn die körperliche Kraft eines solchen Mannes noch beachtlich ist, kann er einmal im Monat ergießen. Es gibt Männer, deren Lebensspannkraft noch in voller Blüte steht. Wenn ein Mann über sechzig ist, sollte er fünfzig oder sechzig Tage lang keinen Geschlechtsverkehr haben. Wenn das Verlangen nach dem Geschlechtsverkehr bei ihm übermäßig anwächst, sollte er doch seinen Samen zurückhalten und nicht ergießen.

Die neun Körperessenzen der Frau

權老實
玉香

Es ist überliefert, daß der GELBE HERRSCHER das folgende gesagt hat:

»Wie köstlich sie doch sind – die neun Körperessenzen der Frau! Wie kann ein Mann ihrer gewahr werden?«

Das GEHEIMNISVOLLE MÄDCHEN gab zur Antwort:

»Prüfe diese neun Essenzen, um über sie etwas in Erfahrung zu bringen.

Wenn eine Frau tief Atem holt und den allzu reichlichen Speichel hinunterschlucken muß, dann verströmt sie die Essenz der Lungen.

Wenn sie laute Schreie ausstößt und dem Mann heftig saugende Küsse gibt, dann verströmt sie die Essenz des Herzens.

Wenn sie ihn umarmt und ihn festhält, dann verströmt sie die Essenz der Milz.

Wenn die Jadepforte vor ihrer köstlichen Jadekammer ganz schlüpfrig wird und heiße Dämpfe aufzusteigen scheinen, dann verströmt sie die Essenz ihrer Nieren.

Wenn sie vor lauter Erregung den Mann mit leidenschaftlichen kleinen Bissen traktiert und ihm damit zusetzt, dann verströmt sie die Essenz der Knochen.

Wenn sie mit den Beinen die Hüften des Mannes umschlingt und ihn mit aller Kraft an sich preßt, dann verströmt sie die Essenz der Muskeln.

Wenn sie den Jadeschaft liebkost und zärtliche Spiele mit dem Brunnen des Samens beginnt, dann verströmt sie die Essenz des Blutes.

Wenn sie die Brustwarzen des Mannes zwischen ihre Finger nimmt und mit ihnen spielt, dann verströmt sie die Essenz des Fleisches.

Hat ein Mann lange den Geschlechtsverkehr mit der Frau ausgeübt und streichelt und kost er sie zärtlich oberhalb der Jadepforte, um ihre Neigungen zu erkunden, dann verströmen alle neun Essenzen. Wenn die Essenzen nicht verströmen, ist das für die Frau schädlich. Sollte dies geschehen, muß sich der Mann um Abhilfe bemühen, indem er sie durch den nächsten Geschlechtsverkehr zum Verströmen all ihrer Essenzen anreizt.«

Die vier Bedingungen für den Jadeschaft

Es ist überliefert, daß der GELBE HERRSCHER das folgende gesagt hat:

»Meinen Empfindungen nach begehre ich Geschlechtsverkehr, doch mein Jadeschaft will sich nicht aufrichten. Kann ich ihn dazu zwingen?«

Das GEHEIMNISVOLLE MÄDCHEN gab zur Antwort:

»Das kannst du nicht. Um den Weg, auf dem der Mann die Erfüllung seines Begehrens nach Geschlechtsverkehr erreichen kann, erfolgreich zu beschreiten, muß er vier Bedingungen genügen; nur so werden ihm die neun Essenzen der Frau zuteil.«

Der GELBE HERRSCHER fragte wiederum:

»Worum handelt es sich bei diesen vier Bedingungen?«

Das GEHEIMNISVOLLE MÄDCHEN erwiderte:

»Wenn der Jadeschaft sich zornig gebärdet, wird einem die Essenz der Harmonie nicht zuteil.

Wenn der Jadeschaft zwar zornig aufgerichtet, aber nicht groß ist, wird einem die Essenz der Beleibtheit nicht zuteil, da man mit keiner dicken Frau verkehren kann.

Wenn der Jadeschaft groß ist, aber nicht steif, wird einem die Essenz der Stärke nicht zuteil, da man mit keiner kräftigen Frau verkehren kann.

Wenn der Jadeschaft zwar steif ist, aber nicht heiß, wird einem die Essenz des Geistes nicht zuteil.

Dies sind auch die Gründe, weshalb der Zorn der Vorbote des Samenergusses ist, die Größe des Jadeschafts den Beginn der Vereinigung ermöglicht, seine Steifheit die Dauer begünstigt und seine Hitze den Genuß vervollkommnet.

Wem die Erkenntnis der vier Essenzen zuteil geworden ist, der behalte sie für immer in seinem Gedächtnis. Bietet sich dann eine Gelegenheit, nütze er sie aber nicht übereilt. Denn wenn sich sein Samen zu früh ergießt, dann ist er verschwendet.«

Wie der Jadeschaft vergrössert werden kann

In dem Werk *Ratschläge aus unbezahlbarem Gold* wird überliefert:

Um das männliche Element zu stärken und den Jadeschaft größer werden zu lassen, soll man das folgende Rezept anwenden:

Man nehme fünf Teile Wacholdersamenkörner, vier Teile weißen Sauerampfer, sieben Teile weiße klebrige Hirse, drei Teile Zinnoberrinde und einen Teil Samen vom Eisenhut. Aus diesen fünf Bestandteilen mache man ein Pulver und nehme es zweimal täglich nach den Mahlzeiten ein, und zwar jeweils einen flachgestrichenen Teelöffel voll. Wenn ein Mann diese Mixtur zwanzigmal in zehn Tagen zu sich nimmt, wird sein Jadestengel sich vergrößern.

In dem gleichen Werk steht:

Wenn ein Mann wünscht, daß sein Jadeschaft an Größe gewinnt, sei ihm folgendes Rezept empfohlen:

Nimm Ascheflocken, eine gelblich-grüne Sumpfpflanze, die wie eine Malve aussieht sowie gesalzene, breiige Champignons. Wiege von diesen Bestandteilen jeweils dieselbe Menge ab, presse sie durch ein feines Sieb und fülle sie in die Gallenblase eines Hundes. Hänge sie dreißig Tage lang in einem Zimmer im Haus auf, in dem du wohnst. Wenn du dann deinen Jadeschaft damit einreibst, wird er einen Zoll länger werden.

*

In dem Werk *Die Liebeskunst des Meisters Tung-hsüan* wird überliefert:

Der Meister der Geheimen Höhle empfiehlt das folgende Rezept, wenn es um die Verlängerung des Jadestengels geht:

Man nehme drei Teile gesalzene, breiige Champignons und zwei Teile Meerzwiebeln. Sie müssen zerstoßen, durchgesiebt, zu Pulver zermahlen und im ersten Monat - nach dem Vollmond - mit den Lebersäften eines weißen Hundes vermengt werden. Wird diese Substanz dreimal auf den Jadestengel aufgetragen und danach in der Dämmerung vor Sonnenaufgang mit frischem Quellwasser abgewaschen, verlängert sich der Schaft um drei Zoll. Diese Prozedur gilt als äußerst wirkungsvoll.

Wie die Jadepforte verkleinert werden kann

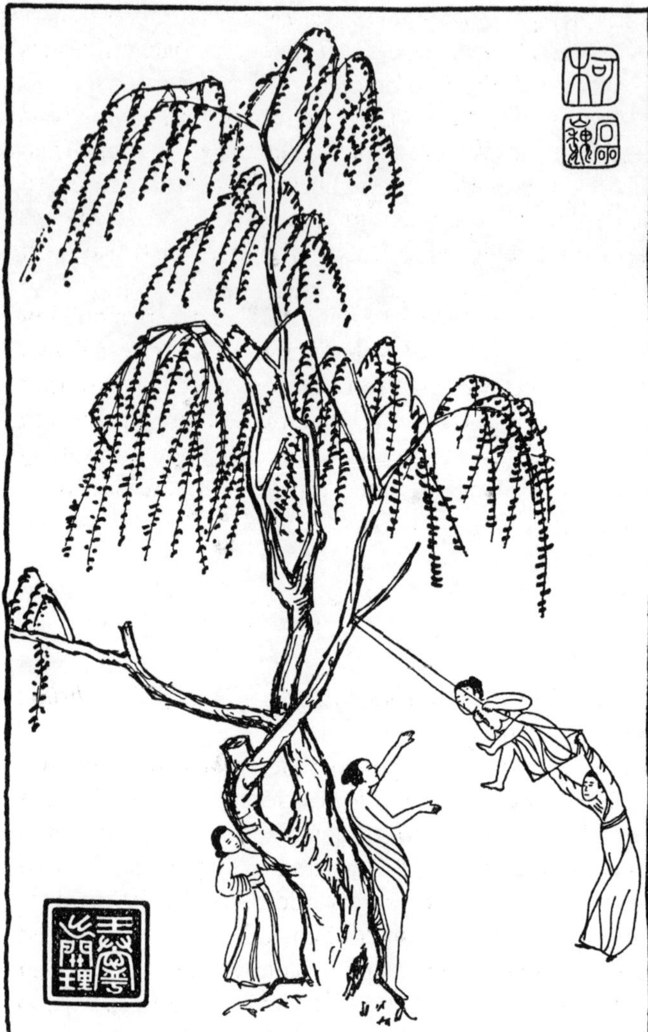

In dem Werk *Lehren der Meister* wird überliefert:

Um die Jadepforte der Frau kleiner zu machen, sei das folgende Rezept empfohlen:

Man nehme vier Teile Schwefel und zwei Teile Petersilie als »Willensstärker«. Daraus stelle man einen medizinischen Puder her. Diesen fülle man in einen Seidenbeutel, und wenn man ihn an die Innenseite der Jadepforte hält, wird man erreichen, daß sie sich zusammenzieht.

Ein anderes Rezept besteht daraus, einen medizinischen Puder aus zwei Teilen Schwefel und zwei Teilen Binsenblüten herzustellen. Davon mische man drei Fingervoll in ein kleines Gefäß mit heißem Wasser und wasche die Jadepforte damit. Im Verlauf von zwanzig Tagen wird sie mit der eines unverheirateten Mädchens vergleichbar sein.

*

In dem Werk *Die Liebeskunst des Meisters Tung-hsüan* wird überliefert:

Der *Meister der Geheimnisvollen Höhle* wies auf folgendes Rezept hin, um die Ausdehnung und Kälte der Jadepforte einer Frau zu heilen; sie soll nach seiner Anwendung erregend, klein und wohlgeeignet für den geschlechtlichen Umgang werden. Hierfür ist zu nehmen: Zwei Teile groben Schwefel, die besonderen Blätter eines immergrünen Baumes, Hartriegel und Samen vom Teufelszwirn. Die vier Bestandteile werden zerstoßen, durchgesiebt und pulverisiert. Kommt es zum Geschlechtsverkehr, ist ein bißchen davon auf die Innenseite der Jadepforte aufzutragen; es sollte jedoch nicht in übertriebenem Ausmaß angewendet werden, da sonst die Gefahr besteht, daß der Eingang vollständig versperrt wird.

Ein weiteres Rezept besagt folgendes: Nimm drei Fingerspitzen voll groben Schwefel und bringe ihn in eine kleine Schüssel voll heißem Wasser. Wenn du die Scheide damit auswäschst, wird sie im Handumdrehen so werden wie die eines zwölf oder dreizehn Jahre alten Mädchens.

*

In dem Werk *Die auf Erfahrung beruhenden Rezepte* wird überliefert:

Um die Jadepforte einer Frau eng und heiß zu machen, sei folgendes Rezept empfohlen:

Man nehme zwei Teile des Duftstoffs eines immergrünen Baumes und vier Teile Hartriegel-Weizen. Diese zwei Bestandteile werden zu einem medizinischen Pulver zerrieben und mit Speichel vermischt. Trägt man die Salbe auf die Innenseite der Jadepforte auf, wird sich dies auf wundersame Weise auswirken.

Anmerkungen

ZUM TEXT

Die chinesischen Lehr- und Handbücher zu Erotik und Sexualität, die es in weiter Verbreitung gab und von denen in der Überlieferung viele Titel noch bekannt sind, gingen als ganze Werke verloren; sie sind mehr oder weniger nur noch als Zitate in anderen literarischen Werken fragmentarisch erhalten. Die umfangreichste Fragmentsammlung dieser Art stellt das 28. Kapitel des *Ishimpo* dar, einer medizinischen Enzyklopädie, die der nach Japan ausgewanderte chinesische Arzt Tamba Yasuyori um das Jahr 982 n. Chr. zusammengestellt hat. Weiter wurden für die »Chinesische Liebeslehre« die Lehrtexte verwendet, die sich seit der Han-Dynastie (202 v. Chr.) bis zur Ming-Dynastie (bis 1644 n. Chr.) mit der richtigen Ausübung der Sexualität befassen. Als Hauptquellen dienten dafür die Fragmente der folgenden Werke:

Chi-chi-chên-ching	=	Wahrer Klassiker der vollkommenen Einigung
Fang-nei-chi	=	Berichte aus dem Schlafzimmer
Tung-hsüan-tzû	=	Liebeskunst des Meisters Tung-hsüan
Shuang-mei-ching-an-tshung-shu	=	Doppelte Pflaumenbaum-Sammlung
Yü-fang-pi-chüeh	=	Geheimer Sittenkodex des Jaderaums

ZU DEN ILLUSTRATIONEN

Die sechzehn farbigen Abbildungen wurden von unbekannten Künstlern zwischen dem 14. und dem 18. Jahrhundert geschaffen. Die Originale befinden sich in verschiedenen europäischen und amerikanischen Sammlungen. Zu den ältesten erotischen Gemälden Chinas zählen die ersten fünf Abbildungen dieses Bandes. Sie stammen vermutlich aus dem Ende derYüan-

Dynastie (1280–1367); auf Fötushaut gemalt, waren sie ursprünglich transparent und dienten wohl als Lampenschirme in vornehmen Bordellen.

Als Vorlage für die Umschlagillustration diente der Holzschnitt aus einem japanischen »Kopfkissenbuch«, das sich wie viele Abbildungen dieser Art an den viel älteren chinesischen Vorlagen orientierte.

Die schwarzweißen Textillustrationen (Holzschnitte, Scherenschnitte, Positionsdiagramme) wurden chinesischen Handschriften und Büchern der Ming-Zeit entnommen.